丛书编委会

总 策 划：来新国　王文成

编委会主任：郭齐勇　周晓亮

编　　委：来新国　陈知涯　张　彧　尹格韬　沈　众

　　　　　　王文成　孟淑贤　周长志　罗养毅　秦　丹

　　　　　　乌　琛

大家精要
典藏版丛书

简读

康帕内拉

王　翼　著

陕西师范大学出版总社　西安

图书代号　SK24N1863

图书在版编目(CIP)数据

简读康帕内拉 / 王翼著 .— 西安：陕西师范大学
出版总社有限公司，2024.10
（大家精要：典藏版 / 郭齐勇，周晓亮主编）
ISBN 978-7-5695-4218-9

Ⅰ.①简…　Ⅱ.①王…　Ⅲ.①康帕内拉（
Campanella，Tommaso1568-1639）—人物研究　Ⅳ.
① K835.467.4

中国国家版本馆 CIP 数据核字（2024）第 027798 号

简读康帕内拉
JIAN DU KANGPANEILA

王　翼　著

出 版 人　刘东风
策划编辑　刘　定　陈柳冬雪
执行编辑　王西莹
责任编辑　陈柳冬雪
责任校对　彭　燕
封面设计　龚心宇　张满伊
出版发行　陕西师范大学出版总社
　　　　　（西安市长安南路 199 号　邮编 710062）
网　　址　http://www.snupg.com
印　　刷　深圳市福圣印刷有限公司
开　　本　889 mm×1194 mm　1/32
印　　张　6
插　　页　4
字　　数　103 千
版　　次　2024 年 10 月第 1 版
印　　次　2024 年 10 月第 1 次印刷
书　　号　ISBN 978-7-5695-4218-9
定　　价　49.00 元

读者购书、书店添货或发现印装质量问题，请与本公司营销部联系、调换。
电话：（029）85307864　85303629　　　传真：（029）85303879

目录

引言 /001

第 1 章 基督教中的异教徒 /005

水深火热的意大利 /005

少年成才的康帕内拉 /013

特勒肖精神的捍卫者 /020

三次入狱的异教徒 /027

第 2 章 英勇不屈的爱国者 /043

密谋起义惨遭狱中酷刑 /044

为求生存狱中巧妙装疯 /069

危急时刻巧施离间妙计 /092

亡命法国心却紧系祖国 /122

第 3 章 《太阳城》的设计者 /126

黑暗中建起的"太阳城" /127

"太阳城"冲破黑暗，走向世界 /133

第 4 章 人的天国：《太阳城》 /142

《太阳城》：从自然哲学引申到社会哲学 /143

公有制："太阳国"的经济结构 /146

一个太阳和三个助手："太阳城"的政治结构 /152

独树一帜，别具风格："太阳城"的生活状态 /155

晚婚晚育的"优生学"与科学育人的教育学："太阳城"
里的婚姻与教育 /160

和平共处："太阳城"的对外政策 /163

**第 5 章 康帕内拉与《太阳城》：空想之所以是空想
却又超越了空想** /167

空想何以注定 /167

通往科学社会主义的阶梯 /173

附录 /182

年谱 /182

主要著作 /184

引 言

　　在社会主义思想史上，出现了很多"巨人"，康帕内拉就是其中的一位。他生活在资本主义制度和封建主义制度相互交替的历史时代，面对侵略者对祖国的侵占，他勇于密谋起义；面对刽子手的严刑拷打，他从不屈服求饶；面对死亡的威胁，他誓与黑暗抗争到底。从风华正茂到风烛残年，从地牢到水牢，从蹲"鳄鱼坑"到受"马驹"之刑，康帕内拉一生中的黄金时间都是在监狱中度过的，坐过的囚牢据说多于五十处，受过的刑罚有十几种。尽管康帕内拉所遭受的一切是其他人所不曾经历的，但是那么多的迫害却始终无法让康帕内拉倒下，他一直和敌人斗争到生命消逝的最后一刻。

　　康帕内拉除了是位爱国主义战士，更是一位极具才气和毅力的思想家。他凭借在监狱中完成的名著《太阳城》，将自己的名字留在了社会主义发展的历史丰碑上。马克思说：
"《太阳城》是'共产主义思想的微光'。"恩格斯说："康帕内拉的空想社会主义，'是一种还没有很好加工''颇为粗陋的'共产主义。"中国近代民主革命家廖仲恺说："《日府》（即《太阳城》）所展示的思想是 19 世纪以前社会主义思想的萌芽。"作为空想社会主义的创始人之一，康帕内拉的很多观点在现在看来虽然略显幼稚，但是考虑到当时他身处黑暗笼罩的年代，单凭他提出"劳动光荣"的思想，认识到劳动的伟大意义，就不愧其"新的历史观的创始人"的称号；单凭他设想的利用生动形象的壁画进行科学文化知识学习的方法对当今教育方式产生的重要启迪，就值得我们钦佩。

有人说康帕内拉是"伪善者"，因为他的著作中有相互矛盾的论点，他声称自己是敌对一切权威言论的唯物主义者，可是有时他又赞扬教皇；他憎恶西班牙君主制，可是又有文章表明其对这一制度的拥护……其实，如果了解了康帕内拉具有传奇色彩的一生，就可以明白他为什么是"永远的伪装者了"。

康帕内拉，意为"小钟"，却又是激荡人心的金钟。他的一生都是在宗教势力和西班牙统治者的迫害中度过的，他给人类留下的重要精神财富也是在黑暗中创造的。本书通过描述康帕内拉的传奇人生以及其最为著名的作品《太阳城》，为读者展示一个完整的康帕内拉，展示其在探索社会主义的道路上那艰苦而壮烈的一生。

托马斯·康帕内拉（1568—1639），原名乔万尼·多米尼克·康帕内拉，成为教士后改名为托马斯·康帕内拉。康帕内拉是意大利文艺复兴时期的著名学者，是继托马斯·莫尔之后早期空想社会主义的主要代表人物之一，同时还是一位伟大的爱国主义战士。康帕内拉生活在16、17世纪，那是资本主义萌芽刚刚发迹的时代，同时也是基督教盛行的时期。在被捕以后，面对宗教裁判所（13—19世纪，天主教会侦察和审判异端人士的机构）的严刑拷打，康帕内拉依旧发出蔑视教会、捍卫真理、抗击侵略者的勇敢呼声。康帕内拉的一生是战斗的一生，他曾写下这样的光辉诗句："我降生是为了击破恶习：诡辩、伪善、残暴行为……我到世界上来是为了击溃无知。"康帕内拉生命中的黄金时代几乎是在黑暗阴森的牢狱中度过的，然而漆黑的高墙没有磨灭他坚强的意志，更淹没不了他智慧的光芒。在狱中艰苦的环境下，康帕内拉依然坚持写作，并且著作颇丰，《太阳城》正是他最为知名的一部著作，书中采用对话的形式展示了其用尽毕生精力所追求的理想社会的面貌。康帕内拉用多难而壮烈的一生实现了自己的誓言，为真理、正义、自由和解放战斗到生命的最后一息。康帕内拉坎坷的一生，正是早期无产阶级探索社会主义道路艰苦历程的一个缩影。

第1章

基督教中的异教徒

1568年9月5日，伴随着一阵响亮的哭声，一个婴儿在意大利南部卡拉布里亚省斯吉罗城附近的一个穷苦农民家里出生了。9月12日，这名婴儿被取名为乔万尼·多米尼克·康帕内拉。康帕内拉的家庭十分贫困，他的父亲是一个目不识丁的鞋匠，而母亲在他刚刚5岁的时候就早早去世了。当时的意大利正处于一个剧烈的历史大变革时期，正是这样的生长环境对康帕内拉的一生产生了深远的影响。

水深火热的意大利

意大利原本是西欧资本主义萌芽最早的地区，早在14、

15世纪，伴随着农奴制的瓦解，生产力得到了迅速的发展，资本主义萌芽便开始稀疏地在意大利沿海城市成长起来。比如佛罗伦萨，在14世纪时已有近10万人口，完全是一个工商业城市，有银行约100家。在毛纺织业中，手工工场更是成批出现，从事各行各业的劳动者已经占了佛罗伦萨总人口的很大一部分，其中大部分劳动者已经和生产资料脱离了关系，成为可以自由出卖劳动力的雇佣工人，他们在资本家的监督下从事着分工较为精细的工作。1338年，细呢绒行会在佛罗伦萨拥有20个大的货栈，约有工人3万人，每年收纳1000多匹呢绒，价值30万弗罗林（当时的一种钱币，第一枚弗罗林硬币是1252年在意大利的佛罗伦萨诞生的，它的诞生使不少欧洲国家产生了制造本国货币的想法），且畅销西欧各地。另外，像威尼斯、热那亚等城市的资本主义经济发展也十分兴盛，威尼斯当时就已经是国际大都市，过境贸易相当繁荣，拥有20万工商业居民，年收入等于全法国的收入，还超过西班牙、英国等国的收入，所生产的毛织品、丝织品、玻璃制品畅销全欧和地中海各国。

但是，15世纪末以来，国际形势发生了巨大变化，这导致意大利的经济发展遭到重创。1453年，土耳其攻占了东罗马帝国，土耳其人完全控制了近东，自此控制了东部地中海的商道；到了16世纪，由于美洲大陆的发现和东方新航路的开辟，欧洲的主要商路和贸易中心从地中海区域转移到大西洋沿岸，欧洲河道体系的商道和地中海商道已经失去意义。意大利的商业地位逐渐让位于西班牙、葡萄牙、英国和法国等国，西班牙的塞维利亚、葡萄牙的里斯本等商业中心成为16世纪新的世界贸易中心。同时，英国和西班牙为了大力发展本国的毛纺织业，采取保护主义，停止了羊毛输出，佛罗伦萨的毛纺织业由于没有了原料来源，呢绒产量大幅度下降，不得不退出西方市场，曾经闻名欧洲的佛罗伦萨毛纺织业自此一落千丈。由于东方商道被土耳其控制着，而西方商道也已经转移到大西洋沿岸，意大利的对外贸易就此全面萎缩，随之而来的便是经济的迅速滑坡。

在政治上，意大利长期处于分裂状态，是一个分崩离析的国家。在分离的意大利各地区，东北部的亚得里亚海边，是以商业著称的威尼斯共和国；在热那亚湾，居于统治地位的是商业国家热那亚共和国；在西北部，是与法国接壤的萨伏依公国；在亚平宁半岛，是罗马教皇的领地；在伦巴第平原，是著名的工商业城市米兰；在意大利中部，是佛罗伦萨等一系列独立的小型城市国家；半岛南部以及西西里岛由那不勒斯王国的阿拉冈王朝统治着，实际上是西班牙的藩属。这些王国、公国、城市共和国以及教皇辖地，除了热那亚和威尼斯外，其他都实行君主专制。经济的急剧衰退，更加深了各城市共和国、王国、公国、教皇领地和封建领地的独立性，甚至出现了独裁政治：作为佣兵队长的斯福查家族成为米兰的公爵，威尼斯商人贵族集团建立了寡头独裁政权，大银行家的美第奇家族成为佛罗伦萨的独裁统治者。这种独裁统治的实质是城市里的上层阶级和封建贵族之间的合流，具有明显的反动和倒退的性质。各国统治者之间更是为了争权夺势、扩展领土而钩心斗角，频施诡计，企图吞并对方，扩大自己的势力范围。

经济上的不断衰退，政治上的长期分裂与倒退，这一切又为外国侵略者入侵意大利打开了方便之门。教皇为了维持自己在封建领地内的世俗政权，实行削弱其他小封建领主的政策，挑拨离间，唆使各国频动干戈，并乘机号召强大的邻国去干涉意大利的内部事务。国内的统治者甚至去勾结外国，引狼入室。法国、西班牙和神圣罗马帝国在意大利的国土上进行了竟然长达六十余年的"意大利战争"。1494 年秋天，法国入侵意大利，正式拉开了"意大利战争"的帷幕，在几乎没有遇到什么抵抗的情况下，于 1495 年 2 月占领了那不勒斯。法国人的扬扬得意使西班牙和神圣罗马帝国感到十分懊恼和嫉妒，因此从 1494 年至 1559 年，西班牙国王伙同神圣罗马帝国皇帝查理五世为了与法兰西斯一世争夺在意大利的控制权，以意大利为主战场，火拼不已，进行了几十年的战争。连绵不断的战争使意大利民不聊生。16世纪初期，西班牙的国王继承所谓"勃艮第遗产"，成为尼德兰的君主，1519年，西班牙国王又成为神圣罗马帝国皇帝。西班牙势力的剧增打破了平衡的局面，形成了对法国的包围之势。最终，法国被强大的西班牙击败。1559年4月3日，法国国王和西班牙国王缔结《卡托—康布雷西和约》，正式结束了意大利战争。西班牙在米兰公国、那不勒斯王国、西西里和撒丁的统治得以巩固，法国放弃了在意大利的大部分领土。自此，意大利备受西班牙入侵者的蹂躏，经济破败萧条，人民更是受着大小封建主和高利贷者的重重剥削。在西班牙的统治下，苛捐杂税多如牛毛，甚至窗户、头发都要课税。有人形象地说，在那不勒斯你就必须为长在你身上的任何器官而交税。康帕内拉在《太阳城》中描述道："任何一个国家内出现的行乞和强盗行为，都没有像意大利那样普遍。"

外族入侵和国内经济的衰退，使意大利国内的阶级矛盾开始激化，同时也激起了意大利人民的反抗斗争。法国军队在1494年秋天入侵佛罗伦萨时，意大利人民掀起了反对法国入侵者的斗争，可是美第奇家族却钻进法国军营里充当叛徒。佛罗伦萨人民早就对美第奇暴政愤懑至极，同年秋天，在佛罗伦萨爆发了由多米尼加学派僧侣萨伏那洛拉领导的反对法国入侵者和美第奇家族的独裁统治的起义。萨伏那洛拉是一位愤世嫉俗、奉行禁欲主义的苦行僧。早在1482年布道时他就开始抨击教皇和教会的腐败，揭露美第奇家族的残暴统治，表示十分痛恨教皇的荒淫无耻和贵族的骄奢淫逸，因此他在广大人民群众中享有很高的声誉。在赶走美第奇家族、建立共和国后，萨伏那洛拉还实行了一些有利于改善人民生活的措施，例如对不动产收入征收累进税，保留一切间接税，解除穷人无力偿还的债务，低息贷款，驱逐高利贷者，规定只有各个行会的会员才享有政治权利，等等。1498年，由于贵族的阴谋，罗马教皇和美第奇家族的拥护者以及丧失权力的佛罗伦萨旧贵族联合发动政变，萨伏那洛拉被处死，美第奇家族恢复了对佛罗伦萨的统治。可是，萨伏那洛拉的精神却一直影响和鼓舞着意大利人民。1527年，佛罗伦萨又爆发了小手工业者和商人反抗美第奇家族和外国侵略者的起义，再度建立了共和国，没收卖国贼的财产，采取措施保护人民的利益。后来，因为西班牙卷土重来，义军寡不敌众，1530年8月，佛罗伦萨失陷，美第奇家族又一次恢复了统治。另外，巴勒莫和那不勒斯在1647年都爆发了大规模的人民武装起义。5月20日，起义首先在巴勒莫爆发，起义的手工业者和贫困市民攻占了西班牙总督的官邸，宣布建立实行民主制度的城市共和国。不久，起义扩大到西西里的大部分地区，成千上万的起义群众拥上街头，摧毁封建领主和高级官吏的房子，惩治封建主，释放被监禁的贫民。1648 年，封建主、西班牙军队和行会警卫队勾结起来镇压了这场起义。与此同时，那不勒斯也由于西班牙总督强征新税，于 1647 年 7 月 7 日，由一名渔夫领导爆发了起义。起义者焚烧税局，驱逐税吏和西班牙总督，打开监狱，释放囚犯。人民武装击溃了西班牙军队，夺取了城市政权。西班牙总督在起义群众的威慑下，被迫答应起义者的要求，同意取消几种捐税。1648 年 4 月，西班牙军队协同意大利封建主军队重新占领那不勒斯，对起义者进行血腥镇压，那不勒斯起义在内外反动势力的联合镇压下失败了。虽然这些起义都以失败告终，但它们对意大利人民的影响是深远的。

在思想文化领域，意大利人民也持续不断地进行着反封建、反神权的斗争。14 世纪，意大利新生资产阶级的经营活动获得巨大成功，他们逐渐认识了自然、社会和自己的力量，从而对"上帝创造一切"的说法产生怀疑。同时，为了发展工商贸易事业和充实自己的生活，人们需要研究科学、技术和精神文化，培养各种专门人才。当时，意大利已经产生了一批资产阶级知识分子，他们要求打破教会神学的思想束缚，根据人的现实要求研究自然和社会，发展个性，让人们以自己的知识能力创造事业，追求幸福。意大利是欧洲古代文化的一大中心，又跟拜占庭、阿拉伯有密切的往来。意大利的学者从阿拉伯人的译本里接触到古代希腊罗马的文化，从那里汲取养分，并借助它展开了反神学、反封建的资产阶级文化运动。历史上把这次文化运动叫作"文艺复兴"。文艺复兴运动充分地肯定了人的价值，重视人性，成为人们冲破中世纪的层层纱幕的有力号召。文艺复兴运动对当时的政治、经济、哲学、神学世界观都产生了极大的影响，是新兴资产阶级在意识形态领域里的一场革命风暴。

在这场没有硝烟的斗争中，涌现出了一大批杰出的、爱国的艺术家、思想家和学者，他们在宗教、哲学、文学等广泛的领域里对宗教神学、经院哲学和各种旧的传统观念展开了无情的批判和斗争。由于当时政治上实行政教合一，思想文化领域的资源全为教会所掌控，因此这一时期的斗争往往又同反对基督教陈旧教条，要求实行宗教改革的斗争结合在一起。佛罗伦萨著名诗人但丁（**意大利诗人，现代意大利语的奠基者**）便是文艺复兴的先驱，写出了《神曲》。《神曲》分地狱、炼狱、天堂三篇。作者根据自己的爱憎标准，把他崇敬的人物安排在"天堂"里，把贪婪腐化的教皇送进了"地狱"。《神曲》冲破了教会的传统观念，表露了反对中世纪的蒙昧主义和提倡文化、尊重知识的新思想。同时，《神曲》具有伟大的历史价值，它以极其广阔的画面，通过对诗人在幻游过程中遇到的上百个各种类型的人物的描写，反映出意大利从中世纪向近代过渡的转折时期的现实生活和各个领域发生的社会、政治变革，透露了新时代的新思想——人文主义的曙光。《神曲》对中世纪政治、哲学、科学、神学、诗歌、绘画、文化等做了艺术性的阐述和总结，因此，它不仅在思想性、艺术性上达到了时代的先进水平，是一座划时代的里程碑，而且是一部反映社会生活状况、传授知识的百科全书式的鸿篇巨制。

水深火热中的意大利，便是康帕内拉生长的环境。这样一个特殊的时代，让康帕内拉在很小的时候就一直处在前辈们解放祖国、反对侵略者、挣脱宗教压迫和束缚、追求正义和真理的深刻思想的影响之下，他一生之中的坎坷经历都与之息息相关。

少年成才的康帕内拉

康帕内拉家境贫困，父亲微薄的收入只能勉强维持生计，根本没有能力让康帕内拉进入学校学习。可是，年幼的康帕内拉对于知识却有着常人不及的渴望，于是他经常在教室的窗口听老师讲课，而且还会积极思考所听到的内容。有一次，教室里的学生不知道如何回答老师提出的问题，康帕内拉突然在窗口喊道："老师，可以让我回答你吗？"

14岁那年，康帕内拉的爸爸想把他送到那不勒斯的一个亲戚家那里学习法学，可是他却选择了进入尼加斯特罗（科森萨以南）附近的多米尼克派（基督教教派之一）修道院，成为一名修士。在那里，他被一个传道士的雄辩口才所深深吸引，并从传道士那里学到了逻辑学的入门知识，这个传道士也成了康帕内拉人生中第一位真正意义上的老师。

康帕内拉博览群书，认真学习、研究了很多著名学者的思想。柏拉图和亚里士多德的多部著作，康帕内拉都认真地读过，并对其中的内容有着自己的思考和想法。在读亚里士多德的文章时，康帕内拉产生了很多疑问。他觉得亚里士多德的很多思想都是错误的，例如，亚里士多德认为实行一切财富公有的国家是不可能存在的，获得个人财产的机会是人们愿意不断进行劳动的根源所在，没有了这种刺激，人们就会想方设法地逃避工作，依靠别人生活。在亚里士多德看来，私有制才是幸福所在。康帕内拉对此有自己的观点，现实的社会生活让康帕内拉一直认为私有制存在很多弊端。他围绕私有制有很多思考和问题，连他周围的老学者也不知道如何回答，只是敷衍了事，但这却让康帕内拉产生了更多的疑惑。康帕内拉勤奋好学，有着超乎常人的记忆力，因此小小年纪就已经掌握了超乎常人想象的知识。

1585 年，康帕内拉被调到尼加斯特罗修道院。尼加斯特罗修道院的修士们对康帕内拉这个名字并不陌生。在进入修道院之前，康帕内拉代替多米尼克派的一位老学者参加了在科森萨举行的一场辩论会，正是这场辩论会使康帕内拉开始小有名气。当时，辩论会在科森萨市很受欢迎，因为人们喜欢看学识渊博的学者们在一起辩论，这样便可以在唇枪舌剑之中学到很多知识。像往常一样，在辩论会举行的几天前，科森萨市就已经开始到处散发手写的广告了。可是，经常看辩论会的人看到广告上的名字后，便发出了疑问："谁是托马斯·康帕内拉?"那年，康帕内拉只有 17 岁，在科森萨市，没有人听说过他的名字。

辩论会通常在教堂举行。那天，距辩论开始还有很长一段时间，教堂里便坐满了人，人们纷纷议论着多米尼克派所派出的年轻人——康帕内拉。就在这个时候，一名身穿多米尼克派白色会衣的青年匆匆走进会场，他就是托马斯·康帕内拉。在和辩论会的组织者打完招呼后，康帕内拉说道："原本参赛的学者染病不起，因此今天我替他参加辩论来了。"人们听后，看着这个其貌不扬的小青年，纷纷投来蔑视的眼光，甚至还有人发出了嘲笑声。对手——圣方济各会的教士冷笑道："既然你们派不出敢来参加辩论会的人，也不用找个小孩子来自取其辱吧。既然这样，那你们就等着接受失败的耻辱吧。"康帕内拉略显激动，眼睛里闪烁出愤怒的光芒。他走到对手的面前说："现在笑还为时过早吧，因为只有胜利者才有资格笑！"

辩论开始了，一名圣方济各会的中年教士昂着头走上辩论台。他口若悬河，援引亚里士多德著作中最难以理解的地方，企图一下子难住康帕内拉，让其不知所措。这个教士的确很善于辩论，他滔滔不绝，论据既多又广，一段引言跟着另一段引言，如果对方没有渊博的知识和非凡的记忆力，是无法记住和理解他叙述的内容的。最后，这位圣方济各会的教士自信满满地结束了自己的发言，带着傲慢的神情回到座位上，因为他认为打败眼前的这个年轻人是必然的毫不费力的事情。

轮到康帕内拉上场了，台下的观众多半认为这个年轻人肯定会弄出一些笑话来。他们根本不相信这么年轻的人可以弄清楚对方如此繁多晦涩的观点和论据，那是需要多么超人的记忆力和渊博的知识啊。

康帕内拉从容地走上讲坛，将双手紧紧压在讲坛的桌子上，深深吸了一口气，压制住自己稍稍激动的心情后，便开始发言。令人吃惊的是，康帕内拉在第一段话说完后，观众就已经开始对他肃然起敬了，因为康帕内拉在没有任何记录、任何提示的情况下，用简练和准确的语言重复了一遍对手在发言时所列举的那些长篇大论的论据，同时还补充了自己对这些论据的理解。这时候，大家都为康帕内拉有那么好的记忆力感到无比惊讶。紧接着，康帕内拉开始反驳这些论据，他洪亮的声音显示出无比的自信。对手的论据几乎建构在名人的权威言论之上，而他的每一项引证都被康帕内拉用更加有力的证据驳倒。康帕内拉甚至还没有忘记指出对手所引用的话哪些地方漏字缺句，哪些地方断章取义，哪些地方加上了自己的话。此时，对手傲慢的神色开始渐渐地从脸上消失，他显然已经坐立不安了，因为他知道康帕内拉的论据比他的更加充分。掌声在教堂里响起，当康帕内拉结束演说回到座位时，大家都已经被他的发言所折服，向他投来钦佩的目光，送来热烈持久的掌声。

康帕内拉的对手并不甘心就这样被一个毛头小子打败，于是针对康帕内拉的基本观点进行极力反驳。他说："宗教的经典著作里是不可能有错误的。"这时候，康帕内拉说出一句令人震惊的话："那按照您的意思，难道因为已经升天的奥古斯丁（**基督教神学体系的创立者，教父学的著名代表**）曾经否认新大陆的存在，哥伦布就没有发现新大陆吗？"

全场一片哗然，听众的情绪陡然紧张起来，因为还不曾有人敢在教堂的辩论会上做出如此大胆的发言。这句话带有明显的异教气味。一位老者钦佩地注视着康帕内拉，并对坐在旁边的人说："这个年轻人如果不会很快被教会抓起来处以火刑的话，日后一定可以成为一个伟大的学者。"

对手十分狡猾，在听到康帕内拉这句具有异教色彩的话后，敏锐地反问："那你告诉我，既然宗教的经典著作都不是真理的标准，那什么才是真理的标准呢？"康帕内拉没有思考便答道："自然！自然才是检验真理的标准！"康帕内拉再次说出充满了异教气息的话，使得全场为之震惊。对手的脸上露出了一丝不易察觉的诡笑，接着问："那你看过特勒肖的著作吗？""特勒肖是谁？他为什么这么问？"康帕内拉突然想起，他曾经听闻特勒肖是个被贬黜的哲学家，于是敏感地意识到对手的这个问题可能别有有心，于是他回答说："我不认识他，我没有看过他的任何一本书。"最终，康帕内拉出人意料地赢得了那场辩论会的胜利。这场辩论会也使康帕内拉在年纪轻轻的时候就已经被许多人所熟知。

当然，胜利者往往会遭到一些小人的嫉妒，特别是在那个完全受宗教统治的黑暗年代，康帕内拉在辩论会上说出的那些具有异教气息的话语，使嫉妒者开始散布流言蜚语，说康帕内拉之所以年纪轻轻就满腹经纶是因为他和魔鬼做了交易，把自己出卖给了恶魔。

尼加斯特罗修道院有很多很多的清规戒律，苛刻的修道院院长还总是强迫修士们去做长时间的祷告。最初来到这里的几天，康帕内拉几乎不和任何人来往，对修道院众多的规定感到特别反感，而那些必须出席的祷告，他也是能躲就躲，可避就避，因为康帕内拉的心里每时每刻只惦记着一件事情，那就是如饥似渴地读书。平时，他一有时间就会埋头苦读，阅读是他在尼加斯特罗修道院唯一感兴趣的事情。康帕内拉常常一个星期就能用光准备供一个月用的蜡烛。当他向修道院院长请求再多给一些蜡烛的时候，却被刻薄的院长拒绝了，因为院长对这个被流言缠身且少年成名的康帕内拉早已头痛不已，他不想自己因为这个有异教思想的人惹祸上身。于是，即使康帕内拉主动要求从他原本就不多的伙食费中扣除一些钱给他买蜡烛的时候，院长依然断然拒绝。对于自己强烈的求知欲望，康帕内拉说道："我的贪得无厌的胃口是喂不饱的，老是感到饿得要命。我即使吸收了庞大的世界仍然有吃不饱的感觉。无止境的愿望使我永远苦恼。我觉得认识得越多就知道得越少。"

后来，康帕内拉在这里有了第一个朋友——季奥尼斯·庞斯。他的年龄和康帕内拉一样，他坦言不喜欢这里，说要不是父亲去世得早，自己是根本不会穿上这身教袍的。季奥尼斯是一个性格倔强、不守院规的修士，和康帕内拉一样，都使修道院院长感到十分头疼。季奥尼斯几乎每晚会在就寝的钟声敲响后偷偷地爬过修道院的围墙去城里找自己的朋友。有一次，他还给康帕内拉弄来了一盏油灯和一瓶灯油，得意扬扬地对康帕内拉说："如果那个吝啬鬼以为不给我们蜡烛就可以阻止我们继续读书的话，那他的想法也太简单了！"后来，康帕内拉还认识了彼得·庞斯、俾佐尼，他们成了很要好的朋友，经常聚在一起交谈。他们都幻想着外面的世界，都希望自己有朝一日能够成为英雄式的人物。尽管康帕内拉在那时候还特别年轻，但是却知道很多事情，懂得很多知识，当朋友们问他有什么秘诀时，康帕内拉笑着说："秘诀很简单，就是绝对不要吝惜精力，也不要吝惜蜡烛！"

特勒肖精神的捍卫者

时间过得很快，不知不觉中，康帕内拉来到尼加斯特罗已经快三年了。这段时间里，他没有虚度光阴，也没有因艰苦的环境而自暴自弃，反而读了很多书，专心致志地研究着许多著名哲学家的思想。但是，随着研究不断地深入和对现实世界持久不断地思考，康帕内拉觉得自己越来越困惑，因为他觉得很多被人们奉为真理的思想在他看来却是无论如何都理解不了的，甚至是不正确的。可是，就算他问遍了周围的学者也无法解开心中的疑惑，即使翻遍了修道院里的图书也无法从中找到答案。他不禁发出疑问："为什么那么多的人，几乎全世界的人，甚至每一本书，都对一些再明显不过的错误那样地尊崇备至？难道大家都不知道什么才是真理的标准吗？为什么大家都去相信一些可笑至极的宗教教义？"在康帕内拉看来，神学和真正的科学之间有着不可调和的矛盾，而只有后者才能带领人们在探索这个神秘世界的道路上找准方向。他不相信由面做成的所谓的圣饼和由葡萄酿成的葡萄酒与耶稣的身体、血液之间有什么关系，更不相信它们能给人们带来祸福或者其他神奇的力量。

康帕内拉经常会想到在科森萨的辩论会上，他的对手提到的那个人——特勒肖。康帕内拉觉得，他的对手似乎想把他和特勒肖拉扯到一起，为什么要那么做呢？那个叫特勒肖的到底是个什么样的人呢？究竟自己和他在哪些地方是相似从而值得并提的呢？

周围的学者不愿意告诉他有关特勒肖的任何事情，只是警告康帕内拉："不要沾惹他，否则是不会有好下场的！"但是，这却激起了康帕内拉更大的好奇心。特勒肖到底有着什么样的传奇故事呢？他越来越渴望了解特勒肖，越来越迫切地希望早点读到特勒肖的著作。后来，他偶然得到了特勒肖的一本著作，觉得非常开心，认为这是值得纪念的一天。

这本书叫《依照物体自身的原则论物体的本性》。当康帕内拉读完第一章的时候，就已经大概猜到了其他各章包括的内容，他兴奋的心情难以抑制，觉得终于找到了一个勇于反对传统宗教神学学说的哲学家。他认为特勒肖的一些思想和自己的想法有一致的地方："自然的基础不应该是亚里士多德学说注释者的解释，而应该是根据外界对感官影响的结果所获得的经验。""真理来自感官对于外部世界的认识而不是幻想。"从此，特勒肖成了康帕内拉尊崇的偶像，他每天都抽出很多的时间来研究特勒肖的思想。

突然有一天，康帕内拉听说特勒肖回到了家乡，住在科森萨。他现在在做什么？有没有写新的书呢？关于特勒肖的一切，康帕内拉都迫切地想知道，可是却无奈打听不到更多的消息。于是他向修道院申请去科森萨，准备亲自去拜访特勒肖，顺便向他请教心中的疑惑。修道院怕康帕内拉会招惹麻烦，不想让他和特勒肖见面，因为特勒肖曾被宗教裁判所视为叛逆者，并且蹲过监狱。修道院拒绝了康帕内拉的请求，但是康帕内拉并不打算理会修道院的指令，他下定决心要见见自己心中的偶像，否则一定会很后悔。尽管在当时违背修道院的指令会受到严厉的处罚，但却丝毫没有影响康帕内拉前往科森萨的计划，任何处罚都不会让他退缩，让他放弃拜见心中敬仰的老师的想法。

1588年8月，康帕内拉动身从尼加斯特罗赶往科森萨。

然而，在那儿等待他的却是特勒肖病入膏肓的消息。医生鉴于特勒肖病情过于严重而不允许他会见任何人。可是康帕内拉想见一见心中久仰的老师的愿望太强烈了，因此他就一直留在科森萨等待，直到 10 月的某一天传来噩耗：特勒肖逝世了。

在教堂里，康帕内拉默默地注视着特勒肖的灵柩。尽管特勒肖现在一动不动地躺着，然而康帕内拉坚信他那蕴藏光辉的思想绝不会随着生命的逝去而被人遗忘。于是他作了一首小诗贴在了灵柩上："你的思想像箭筒里的利箭，驱散了诡辩者的黑暗……"

康帕内拉没有急着回到尼加斯特罗，而是在当地短居了一阵子，因为科森萨的图书馆比较多，可以更容易地查找到许多资料。秋天，科森萨来了一个叫阿弗拉阿姆的犹太人，他 30 岁左右，微胖的身体，高高的个子。他走遍了大半个地球，会说很多种语言，擅长占星术，据说可以预知人的未来，还是特勒肖的忠实信仰者。阿弗拉阿姆早就听说康帕内拉具有非凡的才能，而且还是特勒肖学说的忠实拥护者，就在康帕内拉刚刚回到修道院时，便立即上门找他。很快，他们便成了好朋友，阿弗拉阿姆经常来修道院向康帕内拉请教哲学问题，自己则热心地教他如何通过绘制占星图来预测人的命运。他们频繁的会见引起了修道院院长的不满和指责，院长觉得这个叫阿弗拉阿姆的犹太人十分可疑，一个修道院的修士和一个研究类似巫术的人整天待在一起实在是件危险的事情。但是康帕内拉丝毫不理会那些指责，依旧经常和阿弗拉阿姆待在一起，白天他们一起逛书店，晚上则彻夜畅谈，有时候还召集其他修士一起举行小型的哲学辩论会。

1588 年 11 月，康帕内拉接到修道院的指示，叫他立刻离开科森萨，去阿里托蒙特修道院，并且告诉他如果不按照指示办事，就可能会完全丧失自由。康帕内拉只好动身前往阿里托蒙特修道院。刚来到这里，修道院的院长就告诫康帕内拉行动不要再那么放肆嚣张，但是他的劝诫丝毫没有产生作用。康帕内拉从内心就讨厌修道院的生活，他喜欢和研究自然科学的人来往。康帕内拉在这里结识了很多有学识的人，他们来往密切，朋友们会给康帕内拉带来一些珍贵的书籍，还经常在一起探讨科学。圣诞节过后的某一天，康帕内拉的朋友带给他一本书——《亚里士多德的反对倍尔那狄诺·特勒肖学说原则的堡垒》，由一个名叫马尔塔的学者所著。康帕内拉从一位朋友那儿听说，这个马尔塔是那不勒斯人，他没有什么特殊的才能，只是很有心计；虽然他很早就开始写作，但是他的作品却丝毫没有深度，那些作品只是他用来向当权者示好的敲门砖。他知道特勒肖的学说一直以来是教会十分憎恨的，因此写了这本书，在文中表明其捍卫宗教神学并和特勒肖思想势不两立的立场。就这样，马尔塔达到了他的目的，当时就有人聘请他去大学里讲学。

康帕内拉越看这本书就越感到气愤：一个学识浅薄的人竟然厚颜无耻地妄图推翻特勒肖的全部思想。因此他决定通过写本书来捍卫心中那座伟大的"城堡"，反驳这个自以为是、傲慢自大的伪哲学家。他的朋友们也很支持他这么做，并且千方百计给他提供所需的资料，他们经常聚在一起讨论书稿，还提出了很多有意义的建议。最终，康帕内拉花了大概七个月的时间，写完了这本以捍卫特勒肖学说为主要目的的著作——《感官哲学》。康帕内拉认为，人们不应该以过去权威人物的言论作为认识现实世界的依据，而应以从经验结果所得到的感觉为依据，因此他把这本书叫作《感官哲学》。书中文字慷慨激昂，序言以"真理"二字开头，书上面的一幅插图更是栩栩如生地表达了康帕内拉对真理孜孜不倦的追求：在浩瀚的海洋中有一个漂浮物（象征真理），风从各个方向吹来，企图把它吹入海底，而一个年轻人正在向这个漂浮物努力地游去。康帕内拉在书中写道："真理可以被掩盖和污蔑，但最后它仍然可以在黑暗中发出光芒，重新变得华丽灿烂。""一个人应该追求真理而不单单是生活本身。"

《感官哲学》一书的完稿，让康帕内拉和他的朋友们很高兴，都盼望着这本书能够早一点出版，好让更多的人知道特勒肖，了解他的伟大思想。可是因为各种原因，这本书在阿里托蒙特无法出版，康帕内拉的朋友也特别提醒他要慎重一些，因为据说修道院的院长已经几次向上司汇报了康帕内拉无视教义的行为，如果这本书出版了，可能真的会惹祸上身。可是康帕内拉依然坚定不移地认为要尽快出版这本书，在他看来，捍卫真理有时就必须将个人的安危抛在脑后，目前这种情形，谨慎的态度和过多的考虑没有丝毫意义，因为总不能辛辛苦苦写成了书稿，却无法让更多的人去阅读。既然这里无法出版书稿，康帕内拉决定向修道院院长表明自己要放弃修士教职的想法，然后去那不勒斯。

康帕内拉的打算自然遭到了修道院院长的严厉反对，并警告他说："你身上还穿着教衣，就必须严格地遵守教规教义，否则你不会有好下场，会被关进监狱，会受到神的惩罚，会永久忍受地狱的痛苦！"康帕内拉对于威胁毫不理会，反驳道："我可不想穿什么教衣，那个时候我还是个什么都不懂的孩子，那不是我的真正的意愿；现在我已经厌倦了这种无味的修道院生活，我恨不得马上就离开这里！"康帕内拉和修道院院长不欢而散，但康帕内拉的主意已定。一天深夜，阿弗拉阿姆和康帕内拉沿着一条山路奔赴那不勒斯。

康帕内拉的出逃引起了一些流言蜚语，有人说一个懂得妖魔鬼术的巫师把一个修士拐走了；还有人说康帕内拉原本天赋有限，甚至愚蠢得可笑，只是由于把自己的灵魂出卖给了魔鬼所以才会具备非凡的才能……越来越多的流言已经让宗教裁判所开始注意年轻的康帕内拉了。

三次入狱的异教徒

不久，阿弗拉阿姆和康帕内拉便来到了那不勒斯。第一次来到大城市，所有的景象都让康帕内拉感到新鲜无比。因为正值周末集市，宽阔的街道热闹非凡，街道旁矗立着高高的楼房，特别是街边有很多很多的书店，更是让康帕内拉羡慕不已。

他们在路边找了一个客店住下，休息几天后，阿弗拉阿姆便动身去同出版商商议出版《感官哲学》一书的事宜，康帕内拉则去联系当地的一些朋友。可是当康帕内拉回到住处时，仍不见阿弗拉阿姆回来，并且一连几天都不见他的踪影。后来康帕内拉打听到，阿弗拉阿姆是被宗教裁判所的人抓走了，可是没有人知道更详细的情况。阿弗拉阿姆被抓让康帕内拉十分着急，既没有更加确切的情况，也不知道该如何帮助被捕的阿弗拉阿姆，自己在这个无依无靠的陌生城市里该怎么办呢？这时候，他想起了朋友跟他说过，在那不勒斯住着一个叫戴·图弗的人，他也是特勒肖学说的热烈崇拜者。于是康帕内拉决定去拜访戴·图弗，看看他能不能帮忙出版《感官哲学》。

康帕内拉在戴·图弗的家里受到了热情的款待，不仅因为他们都是特勒肖学说的支持者，也因为戴·图弗很早就看过康帕内拉写的小诗，觉得他很有才气，十分欣赏他。当戴·图弗看完《感官哲学》的全部手稿以后，立即表示会全力支持这本书的出版，并建议康帕内拉这段时间就住在自己家里。

戴·图弗家的环境和氛围都非常好，当地的许多学者经常聚集在这里一起探讨学术问题，他们来自各行各业，有哲学教授和哲学爱好者、医生、作家等等，因此康帕内拉也逐渐地认识了当地许多杰出的学者，和戴拉·波尔塔兄弟走得特别近，还经常去他们的家里做客。波尔塔兄弟的住宅很豪华，但是在康帕内拉眼中，那里更像是一座博物馆或者实验室，因为住宅里到处都有书籍、动植物标本、矿物标本和一些化学实验的仪器，比如烧瓶、坩埚等，似乎这对兄弟对很多学科都有所研究。在这两兄弟的影响下，康帕内拉更加深入地研究了自然科学、医学等等。在戴·图弗家里，康帕内拉除了和学者探讨学术问题外，还一直继续着《论物的意义》这本书的写作。这本书早在康帕内拉结束辩论会后，就已经开始构思了。

戴·图弗对康帕内拉就像对自己的家人一样，始终无私地帮助他。冬天，康帕内拉因为严重的坐骨神经痛而卧床不起，在得知一个地方的温泉可以帮助康帕内拉康复后，戴·图弗立即拿出费用送康帕内拉去治疗。当康帕内拉回到那不勒斯后，便得到一个让他振奋不已的消息，他的第一部著作——《感官哲学》已经出版了。《感官哲学》的出版对于特勒肖学说的支持者来说无疑是一件值得庆祝的事情，可是这也引起了教会方面的注意，他们甚至派人去印刷厂了解情况。康帕内拉的朋友对教会的这一举动都很担心，怕他们会对康帕内拉采取不利的行动，但是康帕内拉却只专注于写作和学习，对此毫不理会。

康帕内拉对于知识的渴望超乎常人的想象。很快，戴·图弗家里的图书已经无法满足他的需要，于是他就经常去圣多米尼克·马德左尔修道院，因为这个修道院有很多图书和手稿。康帕内拉常常很早就来到图书馆，然后一直埋头阅读到晚上才不舍地离开。一天，他像往日一样又早早地来到图书馆，由于离图书馆开馆还有一段时间，康帕内拉就在前厅闲逛。突然，他看见墙上钉着一个牌子，上面用拉丁文写着几行文字，于是好奇地走上前去，发现上面写着："未经教皇或多米尼克修会总会长的允许，无论何人都不许擅自借书和将书带出馆外；对于违反这个规定的人，教皇将立即将其开除教籍。"康帕内拉本就对教皇的专横统治抱有强烈的不满，现在又看见这样无理的规定，顿时气由心生，大声谴责道："这算什么规定？怎么能为这点事情就开除教籍呢？怎么，难道教皇还要吃人不成！"这声斥责让整个大厅顿时鸦雀无声，人们装作没有听到任何声音，慌忙走开，因为每个人都知道，仅凭这句话，宗教裁判所就有权力将康帕内拉抓起来，控告他讽刺教皇，而且还有权力传讯所有在场听见这句话的人，没有人想惹上麻烦。

晚上，康帕内拉回到住处，还和来访的朋友愤愤不平地谈论着这件事，朋友们显得格外小心谨慎，告诫康帕内拉一定要小心祸从口出，否则一定会惹祸上身的。康帕内拉对此毫不在乎，因为他觉得自己的所作所为没有什么不对的地方。第二天，康帕内拉听到了一个令人震惊和恐惧的消息：阿弗拉阿姆被押解到圣彼得城，在鲜花广场被活活地烧死了，宗教裁判所将阿弗拉阿姆定为毫无根据的"来自土耳其的间谍"。

阿弗拉阿姆被处决，预示着宗教裁判所已经盯上了康帕内拉。果然，他们不久便将魔爪伸向了康帕内拉。1591年8月的一天，康帕内拉在马德左尔图书馆的门口被教皇使节的警卫人员逮捕了，被基督教教皇视为具有异教思想的康帕内拉开始了第一次的铁窗生活。

　　康帕内拉被关在一个小屋子里，每天除了有人来送饭以外，再也没有人来见他，也没有人告诉他为什么被关起来，似乎没有人记得他的存在。就这样，日子一天一天地过去，康帕内拉无论是乱喊乱叫，还是砸门砸窗，全都无济于事，仍然没有人来和他说一句话。康帕内拉只能在不安和无奈中漫无目的地等待，他在心中自问："到底是什么原因让自己被捕的呢？是因为在图书馆门口说的那句话吗？"

　　一天中午，康帕内拉正在睡觉，两个穿黑斗篷的卫士突然进来说要对他进行审讯，并立即将他从床上粗暴地拉起来押到一个审讯室里。审讯室里坐满了人，他们每个人都毫无表情，用一种狡猾的目光打量着眼前这个年轻的犯人，显得冷酷无比，康帕内拉一眼就看到了罗马教皇的使节。"你是从哪里知道那么多你没有学过的东西呢？"罗马教皇的使节直截了当地发问。面对着眼前这些只以镇压自由思想和毁灭真理为自己的人生目的，只会用火刑恐吓人、杀人的一张张丑恶嘴脸，一股莫名的怒火涌上心头，康帕内拉愤怒地向他们喊道："难道你们不知道吗，我看书消耗掉的灯油比你们喝过的酒还多得多！"这句话激怒了教皇使节，他怒气冲冲地向康帕内拉吼道："对教皇不敬是一种不可饶恕的罪恶，你不应该执迷不悟来加重自己的罪孽，最好认真地反省一下，伟大的教会会永远帮助误入歧途的人找到悔过的大道的。"
然后便叫人把康帕内拉关进一个没有窗户的黑暗潮湿的牢房
里。在那里，每天的食物只有散发着阵阵霉味的面包和清水。

由于长期见不到阳光和营养不良，当第二次受审的时
候，康帕内拉已经十分虚弱，头昏眼花，甚至连站也站不稳
了，卫士们只好架着他的胳膊，走进审讯室。罗马教皇的使
节问的仍然是同样的问题："你是从哪里知道那么多你没有
学过的东西呢？"康帕内拉刚刚想说话，突然瞥见使节面前
的桌面上摆着他的著作——《感官哲学》。康帕内拉终于恍
然大悟，他被捕的原因不是说了什么轻蔑教皇的话，而是那
本捍卫特勒肖思想的著作。教皇使节继续列举着他的罪行，
包括和阿弗拉阿姆交往、从修道院逃跑、在戴·图弗家居住
等，然后说："我们什么都知道，你之所以有非凡的学识不
是由于勤奋好学，而是和魔鬼做了肮脏的交易，只要你承认
这点，是可以得到教皇的原谅的！"

康帕内拉对于使节如此清楚他的行踪的确感到吃惊，但
是让他承认莫须有的罪名是绝对不可能的，因此康帕内拉
一一据理反驳，让在场的所有人哑口无言，审讯仍然以毫无
结果而告终。

就这样，审讯月复一月地持续进行着，甚至连教皇使节
都已经换了好几届，康帕内拉依旧被关在那个没有窗户、没

有光线的牢房里。那些人对康帕内拉十分苛刻，甚至可以说是在折磨他，既不让他走出牢房，也不让他吃到任何有营养的食物。由于长期缺乏营养，康帕内拉的身体每况愈下，好不容易有所好转的坐骨神经痛由于阴暗潮湿的环境又开始恶化了，疼痛每天都伴随着康帕内拉。对于康帕内拉的审讯一直没有得到有用的结果，可是宗教裁判所依旧认为不应该轻易放走这个具有异教思想的人。

牢房让康帕内拉与世隔绝，甚至不知道每天是几月几号，他只有根据审讯笔录上的日期才知道时间的流逝。或许是由于审讯一直没有进展，监狱对康帕内拉的提审次数越来越少了，再加之朋友们动用各种关系从中斡旋，牢房的守卫竟然给他送来了被子，还允许他阅读书籍，虽然给他看的只是《圣经》，但是康帕内拉已经非常高兴了；后来，当守卫给他拿来纸和笔，允许他写东西的时候，他甚至觉得这就是最大的幸福。康帕内拉每天坚持写作，他的稿子会受到逐字逐句的严格审查。尽管写作的时候缺少参考书，但是康帕内拉超乎常人的记忆力却帮助他克服了困难。因为牢房几乎没有光线，又没有足够的蜡烛，康帕内拉经常在昏暗的光线下进行长时间的写作，他的眼睛由于吃不消而红肿得十分厉害。

1592 年 8 月 28 日，也就是康帕内拉被关押一年后，宗教裁判所最终宣布了对他的判决：限他七天之内离开那不勒斯，回到故乡的修道院，并且今后完全放弃特勒肖的观点，必须遵循托马斯·阿奎那的思想。

出狱后的康帕内拉由于眼睛病情加重，暂且回到戴·图弗家养病。戴·图弗的家人细心照顾着康帕内拉，还请来了一位在当地很有名气的眼科医生来医治他的眼睛。经过几次治疗，康帕内拉的眼睛终于有所好转。宗教裁判所规定的七天期限很快就要到了，康帕内拉不得不准备离开那不勒斯，但是他对自己的朋友毫不隐瞒心中的想法，那就是无论如何也不回到修道院去，他已经厌倦了那里的生活，任何威胁都不能让他回去。朋友们知道康帕内拉的性格，知道他做的决定是不会轻易改变的，所以也没有人劝阻他。戴·图弗建议康帕内拉去佛罗伦萨，因为他的好朋友费迪南大公在那里。由于两人之间有一些生意上的往来，私下交情也算不错，大公喜欢马，戴·图弗还经常给他送去良驹，所以戴·图弗想让康帕内拉去那里，他写信给费迪南大公，请求他引荐康帕内拉去大学里教书，也许还能帮忙出版他在狱中写的一些著作。

在康帕内拉出狱后的第七天，罗马教皇的使节还专门来到戴·图弗的家里打听康帕内拉是否在规定的日期内离开了那不勒斯。

1592 年 9 月底，康帕内拉带着戴·图弗的介绍信来到了佛罗伦萨。由于有朋友的介绍信，康帕内拉受到了热情的款待，费迪南大公还亲自接见了他。可是当康帕内拉向费迪南大公直接说明来意，希望大公能够帮助他去大学任教以及出版他的著作的时候，大公似乎变得有些为难，说话也是含糊其词、模棱两可了。康帕内拉立即明白了，朋友们认为费迪南大公能给他帮助的想法或许是没有办法轻易实现了。

无奈之下，康帕内拉只有日复一日焦急地等待着。实际上，受大公所托办理康帕内拉所求的人并没有急于去进行，而是暗地里搜集康帕内拉的一些资料，并且经常有人打着和他讨论问题的旗号想了解他是否有异教思想。这些人一方面赞赏康帕内拉的博学才识，同时也指责他不应该过分低估伟大哲人亚里士多德，因为他的思想是基督教哲学不可动摇的支柱。康帕内拉最终确信，继续等下去已经毫无意义，他在这里任教的希望几乎就没有，出版自己的著作更是不可能，因为在这里没有任何歧视的表面下，实际掩盖的却是人人都在维护基督教信条的事实。康帕内拉明白，这里容不得半点异端见解，这里不是自己应该来的地方。

不久，康帕内拉给费迪南大公写了一封信，除了感谢他的关怀，称赞了他家里丰富的藏书，也顺便告之自己即将动身离开的决定。第二天，康帕内拉便离开了佛罗伦萨。后来，事情的发展正如康帕内拉所预料的那样，大公请马尔塔担任了大学教书的职务，这个人就是《亚里士多德的反对倍尔那狄诺·特勒肖学说原则的堡垒》一书的作者。

康帕内拉在离开佛罗伦萨后，动身前往威尼斯。在途经波朗尼亚市的时候发生了一件意想不到的事情，康帕内拉的所有手稿被几个多米尼克修士偷走了。他们装作来讨论学术上的问题，康帕内拉也没有想到他们有什么别的企图，当发现所有手稿都不知所踪的时候，一切都晚了。康帕内拉气得咬牙切齿，但一切都无济于事了，当他冷静下来后，觉得这件事可能和宗教裁判所有关，如果手稿落到他们手中，对自己是十分不利的。因此康帕内拉决定立即离开波朗尼亚，悄悄地前往帕多瓦市，在那里，他改名换姓，把自己装成一个寄宿在贫民聚居街区的西班牙大学生，以躲避宗教裁判所爪牙的追踪。在帕多瓦市，康帕内拉以当家庭教师维持生计，除了最基本的生活所需外，他把所有精力都放在了写作方面。他首先重新写好了被偷走的手稿《宇宙论》的第一篇，然后又完成了其余的十九篇，后来还写出了捍卫特勒肖学说的新书——《为特勒肖学说辩护》。

在贫民区生活的这段时间，康帕内拉目睹了很多不合理的社会现象：在他途经的很多城市里，肥沃的大片田地无人耕种，而这里有很多很多的人甚至连一片面包都吃不上；有的人整天大鱼大肉，纵欲过度而有损健康的时候，因为有钱就可以找来十几个医生整天看护着他们，而那些穷人因为付不起诊费，就算病死饿死也请不来一个医生来医治他们；一个贵族的孩子可以请来一群又一群的家庭教师跟在后面，而很多穷人的孩子却连学都上不起，甚至都不会写自己的名字；有的人一天到晚过着游手好闲的生活，而有的人却为了基本的生活所需成天被繁重的工作压得喘不过气来……康帕内拉认为，世界的景象不应该是这个样子的，在他的心中已经慢慢地构建起一个十全十美的"理想国家"。

在这个时候，康帕内拉又认识了一个新的朋友——克拉利奥。他是个医生，和康帕内拉来往非常频繁。他们经常在一起讨论哲学、国家政治等方面的问题。当时，有一个叫隆格的年轻人也经常参与他们的讨论。康帕内拉认为意大利人民应该团结起来，赶走侵略者，他甚至还朗读了一首由他所写的讽刺基督教的诗歌。隆格非常喜欢这首诗，并声称要将此诗介绍给朋友。克拉利奥考虑到这首诗的内容对基督教有着明显的不敬，对基督教的大胆讽刺一定会给康帕内拉带来巨大的麻烦，所以叮嘱隆格一定不能在外面到处朗诵这首诗，否则一定会连累康帕内拉的。隆格满口答应，可是由于对这首诗所能带来的严重后果认识不足，事后不久他就把克拉利奥的叮嘱忘在一边了。事情最终被克拉利奥料中了，隆格在外面到处给朋友们诵读康帕内拉的那首诗，后来被人出卖，隆格被宗教裁判所抓了起来。在刑讯室各种刑具的威胁下，隆格吓坏了，胆怯地承认他和朋友们朗诵的那首讽刺基督教的诗歌的作者正是康帕内拉，他甚至把康帕内拉和克拉利奥有关蔑视教会教义的所有谈话都揭发了出来。

恼怒的宗教裁判所立即下令逮捕康帕内拉和克拉利奥。就这样，康帕内拉第二次被宗教裁判所投入监狱。虽然康帕内拉和克拉利奥口径非常一致，完全否认所有的罪状，但是隆格的口供对他们十分不利，宗教裁判所在康帕内拉的住处甚至还搜出了一些手稿和禁书。发生的一切使他们意识到目前的形势已经让自己离自由越来越远，于是他们决定越狱。

康帕内拉和自己的一个学生取得联系，这个学生叫布里奇，是个非常勇敢的人。布里奇制订了一个非常大胆的计划：由自己想办法把钢锯和绳子送进监狱，然后康帕内拉和克拉利奥趁着黑夜溜进监狱的院子里，而布里奇则和一群同伴埋伏、袭击警卫，并且备好马匹在路口等着他们。

起初，一切都进行得非常顺利，康帕内拉和克拉利奥锯断了铁链和窗户的钢条，在黑夜的掩护下抓着绳子滑到院子里躲起来。午夜 12 点的钟声刚刚敲响，他们便向大门跑去；而布里奇在袭击了街上的警卫后，就动手去撬门，但是运气却没有站在他们这边，就在快要成功的时候，突然来了一群夜间巡逻队队员，他们向布里奇猛扑过来，随后整个监狱响起了警报声。

布里奇和伙伴们寡不敌众，赶忙逃跑了，而康帕内拉和克拉利奥被发现后又被抓了回去。除了被毒打一顿外，他们还被戴上更重的手铐和脚镣。

越狱的举动更加证实了他们那些有关自己罪状的所有辩解和理由都是假的。事情变得更加严重了，宗教界的领导人物甚至要亲自过问此事。根据命令，康帕内拉和克拉利奥于1594年1月由帕多瓦被解往罗马圣天使堡的牢房里。

由于康帕内拉和克拉利奥曾经有越狱的经历，因此在罗马，监狱对他们的看管格外严厉，而且为了隔断相互的联系，他们被分开关押。康帕内拉被关在一个臭气熏天的黑暗牢房里。在那样一个寒冷的冬天，牢房里甚至连一床被子都没有准备，冰凉的石板上只铺着稀稀疏疏的麦秸。黑暗的牢房在大部分时间内不允许点灯，康帕内拉每天只能生活在伸手不见五指的环境里。康帕内拉几乎每天会被审讯，宗教裁判所一直企图逼迫他承认蔑视教会、宣传异教邪说、偷看禁书、与魔鬼交往等罪行。康帕内拉知道，倘若承认了这些，等待他的一定不会是宗教裁判所允诺给他的自由，而是残酷的火刑。他和克拉利奥也明白，仅靠隆格一个人的证词是无法将他们定罪的。因此康帕内拉和克拉利奥一直矢口否认隆格指证他们的任何一条罪行，他们说所有的罪行都是隆格的污蔑。宗教裁判所又拿出从康帕内拉那里偷来的手稿，想借此证明他的罪行，让他无话可说，但是聪明的康帕内拉却以清晰的思路、善辩的口才论证了手稿的每一个观点都是为了维护教义、教规而写的。宗教裁判所的人虽然都无比狡猾，但是面对康帕内拉的辩解却也无力反驳。无计可施的他们又把希望寄托于严刑逼供，康帕内拉即使身体十分虚弱，但是仍然经受住了严刑拷打，依然坚决否认隆格的所有供词，并要求传讯更多的证人。当隆格的叔叔出庭作证的时候，事情出现了转机，这个正直的人和康帕内拉一样痛恨宗教专政，因此他当众赞扬康帕内拉，斥责隆格。

康帕内拉和克拉利奥经受住了严刑的考验，这对于案件最后的处理起了重要的作用。克拉利奥在被关押一年半以后被判决做侮辱性的忏悔，然后和隆格一起释放了。但是宗教裁判所仍然决定把康帕内拉关在监狱中。又过了几个月，他们仍然没有找到新的证据来证明康帕内拉有罪，于是在1595年，也就是康帕内拉坐牢大概两年以后，做出了一个令他们觉得满意的判决：把康帕内拉转送到罗马的一座修道院去，但是他的案件并不算结束，还要继续对他进行调查。

就这样，康帕内拉来到了罗马的圣萨宾纳修道院。在这里，那些人给康帕内拉安排的条件实际上和监狱差不多，有一个专门的监视员监视着他，没有任何逃跑的机会。但是起码可以享受到明媚的阳光和新鲜的空气，甚至还可以写作，只是所写的每一句话每一个字都要受到严格的审查，康帕内拉的房间还时常受到秘密的搜查。聪明的康帕内拉知道他们之所以给他一定的自由让他写作，是想从他的笔下找到新的证据将他定罪，因此康帕内拉十分小心谨慎，他的文章中没有一句话流露出他的异教思想，相反，他还借此机会将自己伪装成一个虔诚的基督教徒，写了许多赞扬基督教教义的文章，还特别遵守修道院的规矩，以此希望他的案件可以早些了结，从而得到完全的自由。

康帕内拉虽然想尽了办法，但是他的案件仍然无期限地拖延着，即使宗教裁判所什么新的证据也没有发现，却依然没有对康帕内拉做出任何新的处理。1596 年 12 月，康帕内拉被监禁在圣萨宾纳修道院一年半后，宗教裁判所终于做出了判决：宣告康帕内拉"有严重的异教嫌疑"，判处他放弃异教思想。于是在一个寒冷的早晨，康帕内拉被带到教堂履行放弃异教思想的仪式。他的脖子上吊着一根绳子，头上戴着用硬纸板做成的尖帽子，手里还拿着一根绿蜡烛，并被勒令下跪签字，声明自己将永远放弃异教思想，否则将受到最严厉的惩罚。当然，康帕内拉丝毫没有动摇过自己的信念，他之所以接受这个仪式是因为如果他坚决表示不放弃那些异教思想，就一定会被认为是"正式的异教徒"而活活烧死，那样就太不值得了。他接受现在的仪式，仅仅是为了迷惑宗教裁判所，以便取得自由，将来更好地和他们战斗。

仪式结束后，康帕内拉被宣布释放，但是被要求必须留在罗马，不得擅自离开，当然，对他的监视一直没有停止。可是康帕内拉获得自由的时间并不长，在短短两个月后，他又被抓进了监狱，原因是，一个有异教思想的人被捕后，供出了康帕内拉。这个人以前是康帕内拉的朋友之一。这让宗教裁判所喜出望外，他们希望利用这个意外的新线索和康帕内拉清算，企图将他定为死罪。于是他们将康帕内拉重新抓了回来，告诉他被捕人的名字，希望引起康帕内拉内心的恐惧而自乱阵脚，然后再一举将其心理防线攻破，最终让其认罪。然而康帕内拉已经是饱经牢狱之灾，什么样的新打击和突发事件都可以应对自如，他知道在宗教裁判所没有新的证据前，否认自己的罪行是最好的办法。后来，被捕的人又否认了自己招供的一切。唯一证人的证词也失去了效力，这使得宗教裁判所想置康帕内拉于死地的预谋又一次失败了。他们无可奈何，只得于1597年12月宣布释放康帕内拉，并限令他必须返回家乡卡拉布里亚。这次，康帕内拉被囚禁了十个月。

第2章

英勇不屈的爱国者

　　1598 年，康帕内拉途经那不勒斯回到了离开多年的家乡——卡拉布里亚。在外飘荡的岁月里，康帕内拉无时无刻不思念着家乡，挂念着家乡的朋友。如今再次回到家乡的康帕内拉无比激动，心中充满了喜悦之情。可是，当他即将踏上家乡土地的时候，一眼看见的便是在码头上巡逻的西班牙士兵，顿时，高兴的心情便烟消云散了，取而代之的是无比的仇恨和愤怒。

　　家乡没有发生丝毫的变化，到处是可怕的饥饿与贫困、破陋的草房、瘦弱的牲畜与荒废的土地。在大广场上，依旧竖立着那个令人毛骨悚然的绞刑架，它的周围由于充满了尸体的臭味，总是引来一群一群的苍蝇，即便是这样，当局还是派人日夜守护着这个绞刑架，防止有人抢尸体或者进行破坏活动。看到这些，康帕内拉已经点燃了心中的怒火，不自觉地握紧了拳头。

密谋起义惨遭狱中酷刑

康帕内拉首先在一个修道院里遇见了几个好朋友，他们分别是季奥尼斯、彼得·庞斯和俾佐尼。大家相拥而泣，相互问候。他们争先恐后地向康帕内拉问长问短，想知道他近几年的情况，可是康帕内拉却不太愿意过多地提及自己以前的遭遇，只是希望朋友们能多和他说说家乡发生的事情。

朋友们告诉康帕内拉卡拉布里亚的人民一直生活在水深火热之中，不仅繁重的苛捐杂税压得他们喘不过气来，西班牙人极其残酷的恐怖统治也时时刻刻笼罩着这座城市，搜捕、绞刑、火刑已经是司空见惯的了，还经常有杀人的暴力行为发生。在城里，各个党派之间为了争夺权势而大动干戈，就连教会和西班牙官吏之间也经常发生大大小小的纠纷，主教千方百计地想扩大自己的权势和增加收入。他们贪得无厌的欲望遭到了总督的极力反对，作为报复，他们对官吏采取开除教籍的手段，有的官吏害怕上帝的惩罚，哪怕政府的指令有一点妨碍教会利益的地方，也不敢去执行。另一些官吏却恰恰相反，他们公开使用暴力，季奥尼斯的舅舅甚至因为担任多米尼克修会的省会长一职，被敌对集团雇佣杀手暗杀了。总之，整个卡拉布里亚民不聊生。

从朋友那里，康帕内拉知道了卡拉布里亚的局势每况愈下，人民对外国的压迫者已经恨到了咬牙切齿的程度。本就对西班牙人的统治无比愤怒的康帕内拉反侵略的决心更加坚定了。

康帕内拉将自己密谋起义的想法说了出来，他认为卡拉布里亚的人民不能再继续生活在这样一个艰苦的环境里，应该尽早起来反抗，进行起义，推翻西班牙的残暴统治。季奥尼斯对此没有任何异议，但是他问康帕内拉："即使赶走了西班牙人，以后又怎么办呢？为了使一个压迫者代替另一个压迫者而展开斗争有意义吗？"康帕内拉眼中显出坚定的信念，说："不是一个代替另一个，没有代替，而是要永远消灭这些统治者，是要宣布成立共和国，是要建立全新的制度，是要将卡拉布里亚变成人人平等自由的理想国！"后来，康帕内拉还花了整整一夜的时间，向朋友们讲述了自己心中所建构的"理想国"是什么样子。

康帕内拉的大胆计划得到了所有人的支持，大家都认为为了这个目标而斗争非常值得。于是如何周全地计划起义，让起义万无一失就成了摆在他们面前的首要问题。康帕内拉的学识与谋略在这个时候就一显无疑，他认为，由于敌我双方力量过于悬殊，所以不仅需要农民和手工业者以及城市贫民联合起来，还应该联合所有可以利用的人，因此不能把消灭私有制的最终目标过早暴露，否则肯定会吓跑一些对西班牙统治不满的达官显贵、教会人士，从而削弱自己的力量。

大家都十分清楚，不管起义工作组织得多么严密，起义者最终还是要和整个西班牙王朝的力量进行殊死较量，因此仅仅赶走城里的西班牙部队还不能算取得胜利。有人提出："西班牙国王的舰队可以轻而易举地将另一批士兵运到被赶走的每一个士兵的岗位上去，所以，如何阻止西班牙国王通过海上向这里输送后援呢？"这的确是个大问题，康帕内拉暗自伤神："如果没有海军阻止西班牙国王输送救援部队，起义的困难无疑会增加很多。可是又从哪里去找有能力和西班牙在海上战斗的舰队呢？渔民的小帆船肯定不行，距离遥远的西班牙死敌——法国也指望不上，到底怎么办呢？"

1598 年 9 月的一天，卡拉布里亚海岸突然出现了一支土耳其舰队。当时的土耳其是一个日渐强大的封建帝国，为了进行对外扩张而建立了一支庞大且实力雄厚的海军。西班牙总督这边的海上力量不够强大，不能对土耳其人进行有效的反击，因而土耳其人经常利用这一优势进行挑衅。更令西班牙人担心的是当地的居民并不把土耳其人看得比他们更坏，反而一有机会就跑到土耳其人那边以求摆脱难以忍受的压迫。但来到海岸的这支土耳其舰队虽然装备着令人畏惧的大炮，却丝毫没有进攻的意思，他们到底要干什么呢？舰队的总司令叫奇卡拉，是一个意大利人。晌午时分，奇卡拉释放了一个被抓起来的基督教徒，并让他捎一封信给总督。奇卡拉在信上说自己不会采取任何军事行动，但前提是总督答应他与自己的母亲见面。面对装备强大的土耳其舰队，总督在权衡利弊后还是答应了奇卡拉的要求，专门用一艘小船将他的母亲送到船上让他们见面。这个孝顺的意大利人已经很久很久没有见到自己的母亲了，在会见了几个小时后，母亲在傍晚离开，而奇卡拉也兑现了承诺，下令五十几艘军舰返航土耳其。

这件事迅速传遍了整个卡拉布里亚。奇卡拉到底是谁呢？没有人知道这个人的详细底细，只知道他年轻的时候就去了土耳其，而母亲和兄弟姐妹直到如今还住在这里。大家都在猜测这种情况是如何造成的。有人肯定地说，他是和他的父亲一起被当作俘虏抓去的；有的人又断定说，他是自愿跑去土耳其的，因为和西班牙比较起来，土耳其还是一个比较自由的国家，当年有很多人离开卡拉布里亚去那里定居，建立了侨民区，还称为"新卡拉布里亚"。

康帕内拉在听到奇卡拉的名字后，倒是心里一惊，因为他想起了一个大约十几年前听到的故事。特勒肖曾经有两个得意门生，和自己的老师一样，他们对宗教神学都大为不满，公开发表蔑视宗教的大胆言论，后来被宗教裁判所关进监狱，被判为异教徒而处以火刑。但是他们在临刑前的危急时刻侥幸逃跑了，一个跑进山里，一个跨越国境到了土耳其，加入了海军，他们中一个人的名字好像就叫奇卡拉。

于是，康帕内拉连忙动用所有关系打听有关奇卡拉的一切。反馈的结果让康帕内拉很兴奋：奇卡拉，意大利人，多年前因为反宗教、公开支持特勒肖学说而被作为异教徒判死刑，后来死里逃生，在土耳其参加了海军。他勇猛过人，是个杰出的军人。他作战勇猛，屡建奇功，后来在战争中飞黄腾达，被提升为舰队司令。康帕内拉更加确定，前几天用自己强大海军威慑总督的正是那个曾被当作异教徒而判死刑的特勒肖的学生——奇卡拉。

康帕内拉非常高兴，因为终于有办法在海上截住西班牙人的后援部队了，那就是与自己有相同遭遇的奇卡拉和起义者结成同盟。如果奇卡拉同意，胜利就有了很大的保证，朋友们也十分赞同这个计划。于是康帕内拉派人托奇卡拉的家属将一封信转交给他，在信中康帕内拉述说了自己对特勒肖的热爱、对宗教神学和当地统治者的憎恶，以及自己被宗教裁判所迫害的经过，并请求他支援卡拉布里亚人民反抗西班牙人起义。康帕内拉的信起了作用，不久，奇卡拉回信表示全力支持起义，这个正直的军人还表示自己一定会把起义占领的领土移交给起义者，因为自己并不想从这次起义中获得什么好处。他之所以愿意帮助康帕内拉消灭西班牙的军队，仅仅是出于自己对祖国的热爱。信的最后，奇卡拉告知他的舰队将于9月中旬抵达卡拉布里亚。

虽然有了奇卡拉的鼎力相助，但是继续招募人员壮大自己力量的工作仍然不能停止。为了将更多的人吸引进自己反侵略的部队，康帕内拉还说服意大利人中的不同派系搁置各自恩怨，消除敌对，一致抵抗外来侵略者。当时，卡拉布里亚有两个贵族，在很早以前就结仇为敌，互存戒心，于是不停地招兵买马，双方各自有一批武装人员为自己效命，多年的血海深仇也让很多人成了两家复仇的牺牲品。

康帕内拉了解到，虽然双方势不两立、水火不容，但是有一点是共同的——他们都和西班牙人有仇恨，双方都是西班牙当局要追捕的逃亡者，而且他们的亲戚或者家人都有枉死于侵略者之手的。

因此，康帕内拉认为有机会将这两个贵族争取到自己的阵营中。他先是利用自己的关系和其中一个贵族取得联系，接着用自己的语言天赋做他的思想工作。康帕内拉告诉这个贵族，意大利的分裂是一切敌对和灾难的源头，每个爱国者都应该以意大利的解放和统一为重，打击侵略者，这样才对得起死于压迫者魔爪之下的家人，和其他人相互敌对是毫无意义的。经过不懈的努力，这个贵族终于被打动了。他告诉康帕内拉，自己的父亲就是受到西班牙人的迫害而惨死在狱中的，自己从小就发誓一定要为父亲报仇，于是表示愿意和另一个贵族讲和，一致对抗外来侵略者。另一个贵族的头领叫马弗利佐，是一个勇敢正直、十分热爱祖国的年轻军人，他还曾经亲手杀死了一个出卖祖国而甘愿做叛徒的亲戚，康帕内拉没费多大力气就成功劝导他与另一家贵族和好，一起参加起义。马弗利佐甚至义愤填膺地表示，即使当天就发动起义也可以。

就这样，两个昔日的仇人在康帕内拉的斡旋下愿意握手言和，一起参加解放祖国的起义。

随着起义力量的日益壮大，康帕内拉和朋友们也紧锣密鼓地制订起义的详细计划。经过讨论，他们决定起义首先在加坦萨罗城（*科森萨以南*）发动。在奇卡拉舰队到达的夜晚，由马弗利佐率领三四百名精英悍将埋伏在城边；而另一支攻击队伍负责袭击门卫，并给马弗利佐的队伍打开大门，从而一举歼灭守敌，攻下城市。附近一些城市的起义也将在此刻开始。马弗利佐则认为这座城市防御工事特别坚固，因此需要特别注意，再加上城内起义的力量也不够强大，仅仅通过正面的进攻，想在短时间内占领加坦萨罗是不可能的。针对马弗利佐的意见，大家各抒己见，最终决定城里的进攻和城外的进攻一起发动，而由季奥尼斯负责去继续争取起义的力量，以解决加坦萨罗城起义力量薄弱的问题。

于是，季奥尼斯骑着马奔走在各个城市之间。他到处叙述西班牙国王的暴行，提议大家站起来打破沉重的苛捐杂税的束缚，反抗西班牙人的暴政，把自己从水深火热中解救出来。无论走到哪里，季奥尼斯都受到了热烈的欢迎。

季奥尼斯一心只考虑着用什么办法来扩大起义者的队伍，也顾及不了采用什么样的手段了。为了把信教的人也尽可能地吸引到自己的队伍中来，他甚至向群众阐述各种预言，比如世间将要发生大转变，并令人信服地说教皇本人也赞同起义。季奥尼斯故意讲述正在准备中的起义规模是如何大，说出正在参加起义的人们之中有最有声望和权势的那不勒斯王国的男爵和公爵。季奥尼斯对于日益增加的参加起义的人数感到无比自豪，却一直没有发现隐藏在其中的危险因素——这些说准备参加起义的人之中有许多可疑的人物。

起义的策划工作依然在进行中，康帕内拉在圣玛利亚修道院中深入研究起义的每个细节。由于建立了周密的联系，所以即使康帕内拉不出门，也能掌握外面的情况。那些背着干柴的老樵夫、卖奶酪的妇女、路边行乞的修士都有可能是康帕内拉的眼线，他们一有机会就会向他报告情况。每天都会有好消息传来，最后的准备工作也即将完成，一切都为土耳其舰队的到来做好了准备。康帕内拉的内心无比激动，随着起义的队伍越来越壮大，他越来越相信自己解放祖国的愿望最终一定可以实现，起义者必定会打垮西班牙人的暴政，人们将获得自由的生活，一切不平等的现象最终将从这里消失。

1599 年 8 月 27 日，正当所有起义的准备工作都在有条不紊地进行时，难以预料的事情却毫无征兆地发生了。起义者内部有两个人突然叛变，向当局告了密，供出了起义所有的准备情况。西班牙当局得知情况后，立即采取紧急措施，以牙还牙，赶在起义开始前派兵镇压。

他们立即用舰队派了很多部队来到卡拉布里亚，并狡猾地对外宣称他们的到来只是为了使海岸地区免受海盗侵扰，甚至连省长都不知道这些人到来的真正目的。最终，一次意外的发现才使得策划起义的人没有在梦中全部被抓起来。许多参加起义的人在听说计划败露后，就向当局报告了同谋者的名字以求自保。

所有的计划都要破产了，预计的在土耳其的舰队到来之时发动起义已经没有可能，而在主要力量尚未集结以前的两个星期就贸然发动起义，那和自杀没有多少区别，于是季奥尼斯反复劝说康帕内拉暂且离开这里避避风头。可是康帕内拉坚决拒绝逃走，他认为，起义的目的是赶走侵略者，现在准备了那么久，一枪一炮都没有打就逃走，不觉得可耻吗？难道不能撑到奇卡拉的舰队到来吗？他们的争辩十分激烈，季奥尼斯和马弗利佐一致认为卡拉布里亚人已经失去了最大的优势——突然袭击，既然西班牙人已经先发制人，继续留在这里就毫无意义，应该暂时远离卡拉布里亚，起义之事再从长计议。可是康帕内拉的态度也十分坚决，表示任何情况下他也不准备离开这里，即使要躲避，也不能离开卡拉布里亚。无论如何，即使最后只剩下他一个人，都要等到奇卡拉舰队的到来。康帕内拉认为，只要土耳其人的大炮打响，一切渴望自由的人就会觉醒，人民就会自觉地行动起来，推翻西班牙人的统治。季奥尼斯和马弗利佐眼见说服不了康帕内拉，便沿着山路逃走了。

自从西班牙的镇压部队登岸以后，就有越来越多的起义者被捕，他们都受到了严厉的刑讯逼供，康帕内拉的好朋友俾佐尼也被捕入狱。俾佐尼在狱中遭到非人的对待，不仅没有新鲜的食物吃，每天还要遭受一顿毒打，最后他终于熬不住，招出了起义准备的全部情况，还有康帕内拉在起义中的核心领导地位以及他的异教思想。这使得康帕内拉成为头号嫌疑人而被通缉，此时距离奇卡拉舰队到来的日期还有一个星期，这段时间内康帕内拉需要找个可靠隐蔽的地方藏身。

在这危难时刻，康帕内拉的爸爸突然想起一个地方住着他的一个朋友，自己对他曾有过救命之恩，在他那里康帕内拉或许可以平安地待上几天。于是康帕内拉的父亲将他领到了朋友家里，可是这个朋友并没有想象中的那么爽快，支支吾吾似乎很为难，但在康帕内拉父亲的再三恳求下，这个人最终还是答应将康帕内拉藏在他家旁边一个没有人住的茅屋里。在与父亲告别时，他们商定好让弟弟充当递信员的角色，帮助康帕内拉保持与外界的联系。

日子似乎过得很慢，弟弟带回来的消息也让康帕内拉感到特别不安。被捕的人数越来越多，唯一让他感到欣慰的是马弗利佐和季奥尼斯已经逃进山里，他们的处境暂时很安全。随着外面的局势越来越紧张，父亲的这个朋友也显得特别害怕，每天不止一遍地叮嘱康帕内拉不要出来，并央求他还是尽早离开自己的家。康帕内拉告诉他土耳其人的舰队就快到来了，到那个时候就不用害怕西班牙人了。但是他的鼓励没有起到任何作用，父亲的朋友惶惶不安地离开了。

9月6日，在康帕内拉藏在这里的第三天傍晚，一阵嘈杂的声音将熟睡中的康帕内拉惊醒，还没等他反应过来，就被全副武装的西班牙士兵抓了起来。当他看见父亲的那个朋友正满脸笑容地向一个军官解释着什么的时候，就立即明白：自己被出卖了。父亲的那个朋友走近康帕内拉，为自己辩解起来，说之所以出卖康帕内拉是因为害怕自己受到牵连。

不久，康帕内拉的父亲和弟弟也被抓了起来并和康帕内拉关在同一个监狱。更令康帕内拉感到吃惊和不安的是，原以为已经脱离危险的马弗利佐和季奥尼斯也因叛徒的无耻出卖而被抓了回来。

康帕内拉被关在威捷尔城堡里。这个城堡位于海滨，里面牢房的窗户对着大海。康帕内拉每天都会站在窗前向大海张望，希望土耳其的舰队能够早点到达。虽然他知道如果奇卡拉的舰队一旦到达，就等于证实叛徒们的口供，将使自己被处死，但康帕内拉认为，只要祖国可以摆脱西班牙人的蹂躏，只要人民获得自由，自己的死又有什么呢？9月10日傍晚，康帕内拉终于等到了一艘土耳其帆船出现在海上，紧接着是两艘、十艘、三十艘……这些帆船沿着海岸线行驶，船上还不停地闪烁着火光。没错，这就是奇卡拉的人，火光正是约定的信号！康帕内拉目不转睛地盯着那些帆船，难道没有人燃起回应的信号——篝火吗？难道没有被捕的起义者都那么害怕吗？

没有回应的信号，奇卡拉的舰队只有继续行驶。又尝试了几次后，仍然看不见回应的信号，奇卡拉便只有带领自己的部队返回了土耳其。土耳其舰队的离开，意味着这次起义彻底失败了。

1599 年 11 月初，当局决定将康帕内拉等近两百名囚犯由水路从卡拉布里亚转押至那不勒斯的努奥沃城堡监狱。

同时，西班牙总督在看了有关起义的报告后，指示说既然那么多人对西班牙的统治不满，对某些人的死刑就一定要及时执行，让所有人知道不老实的结果就是受到世界上最严厉的惩罚。总督决定，在码头的入口处对判处死刑的谋反分子行刑。于是，当押载犯人的船快要驶入港口的时候，行刑的准备工作已经完全做好了。总督还派来了神父，假惺惺地对外声称自己是最仁慈的人，即使对犯了滔天大罪的人，也会让神父帮助他的灵魂进入天堂。

戴着手铐脚镣的犯人被押到甲板上，康帕内拉站在朋友们的中间看着刽子手和神父们在被判了死刑的同伴们的周围忙来忙去，他们要在天黑之前把所有该处死的人都处死，好让挤在码头的人一丝不漏地看到这个具有"教育"意义的场面。首先被吊起来的是一个年轻的小伙子，他被残忍地砍去四肢，然后还被砍去了脑袋，岸上的人们发出了一阵尖叫，也有人在不断地咒骂刽子手。接下来几个被行刑的人都像第一个年轻人那样被砍去了四肢……行刑结束的时候，天已经黑透了，由于担心囚犯会趁着夜色发生骚乱，狱吏只好把押送囚犯上岸的时间推迟到第二天上午，因此康帕内拉他们又被赶进了船舱。

此时，甲板上溅满了鲜血，吊在甲板桅杆上的尸体还在海风中摆动着……

第二天，囚犯们被押上岸，然后被送进努奥沃城堡监狱。还在船上的时候，人们就可以看见这座灰黄色的大城堡。它有圆形的塔楼和高高的墙壁，两个塔楼紧靠岸边，其他三个塔楼面向城市。努奥沃城堡有着很坏的名声，据说城堡里面有许多禁闭室和审讯室，听起来都让人毛骨悚然，异常可怕。

刚刚进入监狱，监狱长便把康帕内拉、季奥尼斯和马弗利佐这三个重要的犯罪嫌疑人和其他密谋起义者分开，关进单人牢房。在康帕内拉看来，这里的牢房条件实在是相当不错了：牢房里还算干净，空气还算新鲜，由于有窗户，甚至还可以清楚地看见院子、绞架、旁边的教堂以及断头台和警卫室。

密谋起义的囚犯刚被关进努奥沃城堡监狱不久，西班牙总督和罗马教皇的使节之间就为了在卡拉布里亚被捕的神职人员是否应该归世俗法庭审理的问题展开了一场激烈的辩论。教皇方面认为总督管的事情实在太多了，那些明明涉及的是教会不可分割的神圣权利的一些问题总督也要亲自过问，因此使节要求把神职人员作为罗马教皇使节的罪犯看待，如果不预先征得他们的同意，世俗法庭不得对他们采取任何行动。这种要求自然遭到了西班牙当局的坚决反对，他们认为被捕的神职人员犯的是危害国家的严重罪行，因此他们不应该由教会的法庭审讯，而要同世俗罪犯一起由世俗法庭进行审判。后来双方经过不断的协商，决定关于密谋起义案件的审讯工作可以在有教会代表参加的情况下，由总督的人负责进行，不过被捕的神职人员应该被看作教皇使节的囚犯。

审讯工作在不知不觉中已经进行了两个多月，可是案件却仍然毫无头绪。在这段时间里，康帕内拉通过仔细观察，发现努奥沃城堡的气氛十分轻松，关在这里，即使是在单人间，也可以轻而易举地看到监狱里的情况。最重要的是宗教裁判所的法官要提讯某个犯人的时候不是经过某个秘密的地下走廊，而是直接从院子里经过，这样康帕内拉就可以知道谁被审讯了，审讯以后是什么样的状态和神情，这样也使得他觉得自己没有完全处于被动状态。他甚至看见这里还允许囚犯每天洗澡，还能让囚犯的亲属们带着物品来探视。这些在康帕内拉以往的监狱生涯中是不曾出现的，于是他思索着如何利用这座监狱宽松的条件尽快和朋友们重新建立起联系，进而组织越狱。

起先，康帕内拉企图采用敲墙的办法来同隔壁建立联系，但是无论敲多少下对方都没有回应，看来那些牢房不是没有人住就是住着一群胆小鬼。康帕内拉又趁着没有人的时候向窗外喊几声，希望得到回应，左右牢房的人知道他是康帕内拉后，逐渐开始和他说话。但这种方法只能在夜间趁狱吏睡着的时候使用，和伙伴联系起来很不方便。后来康帕内拉又想到一个巧妙的办法。他用布丝捻成一根很结实的长线，上面系着纸条或者碎布，等起风的时候就可以把它放在窗户外面，这样借助风力，纸条或者碎布就可以送到别的牢房的窗口。这个办法很有效，康帕内拉和很多囚室取得了联系，其中还包括马弗利佐。联系的建立十分重要，这样就可以知道审讯的进程，知己知彼，还可以相互鼓励。

　　康帕内拉了解到，俾佐尼的口供已经害死了很多人，而且对活着的人也十分不利。富有经验的康帕内拉深知，只有俾佐尼否认自己的口供，他自己和大家才会有更大的生还希望，因此当务之急就是尽快和俾佐尼取得联系。但是由于两人牢房的距离实在太远了，无论是放出线绳还是直接呼喊都不可能联系到他。

　　可是，这仍然难不倒聪明的康帕内拉。监狱里不准看书，只是偶尔由于狱吏大发慈悲才可以得到祈祷书。有一天，康帕内拉从朋友们那里听说俾佐尼这段时间正在埋头阅读祈祷书，于是他也要求阅读祈祷书，然后把小纸条夹在书脊里，让狱吏充当免费的传递员。康帕内拉正是运用这个办法和俾佐尼取得了联系，鼓动他否认自己的口供。康帕内拉俨然已经成为狱中难友的精神支柱。

随着审讯的不断深入，宗教裁判所的法官们决定不惜一切代价从几个主要犯罪嫌疑人嘴里获取更为有力的证据。一天，康帕内拉获悉马弗利佐被关进了禁闭室，受到当时最为可怕的一种刑讯方法的折磨——"维里亚"，又称"不眠"。

"不眠"的发明者是一位刑法学家，叫马尔席里。宗教裁判所的法官们在长期的审讯过程中已经发现一条规律：如果被审讯者事先受过某种折磨，比如长期的监禁、饥饿、病痛，意志力会大幅度下降，这时候再进行拷打审问，那么审讯的结果往往非常尽如人意。马尔席里正是从这个规律中有了灵感，想出了这种美名为"不眠"的审讯方法。他大肆吹嘘，这种方法对最顽固的犯人都可以产生很好的效果，而有人反对这种刑讯方法的理由是"'不眠'持续的时间实在太长了，使宗教裁判所的法官们自身都感到过于疲劳而难以支撑"。

"足智多谋"的马尔席里非常细致地规划了"不眠"的工作方法。他计算出，如果"不眠"持续不断地进行 40 个小时，发挥的威力会达到最大化。而他非常"仁慈"地规定：如果宗教裁判所的法官觉得疲倦，可以轮流去休息。

与司空见惯的刑罚不同，"不眠"似乎简单得让人想象不到，它用不着皮鞭、盐水、火炉和铅块，只是把罪犯放在一个普通的凳子上坐着，旁边站两个人负责监视，他们的任务就是不允许罪犯睡觉，只要罪犯一打盹，负责监视的人就打一下他的脑袋，阻止他睡着。

据说马尔席里对这项发明十分得意，他认为自己的发明与其说是刑讯的一种方法，倒不如说是一种娱乐方法更为贴切，因为"不眠"不仅不会把审讯室里弄得血迹斑斑，充满鬼哭狼嚎，招致大众非议，指责宗教裁判所过于残暴，而且最重要的是罪犯往往在板凳上坐不到40个小时就会答应审讯者的一切要求，回答提出的一切问题。但是事实证明，这位刑法学家过低地估计了人类的忍受力，有些人竟然忍住了"不眠"的折磨，仍然什么都不说。于是宗教裁判所开始考虑如何改进"不眠"，让它的威力更大化。宗教裁判所的人根据经验，发现饿肚子的罪犯比肚子吃饱的犯人更容易忍受住"不眠"，因此第一次的改革便是在行刑前给犯人吃很多东西，并且给他们喝些酒。

又过了一段时间，他们觉得"不眠"的威力还是不够强大，于是开始把凳子垫得很高，让罪犯的脚没有地面的支撑。后来又决定将凳子改成坐在上面会感到无比难受的形状，他们将凳子的面换成了带有棱角的木头，取名"行刑凳"。而囚犯不仅仅只是简单地坐在"行刑凳"上，他们的双手还要被捆住，天花板上还有一个滑车用来套住绳子。最后，残忍的宗教裁判所的法官们已经让"行刑凳"面目全非了，后来的"行刑凳"已经变成了一个高35厘米左右的三脚架，顶端还有一个尖尖的木锥。每次行刑的时候，他们会把囚犯的衣服脱光，然后把他们吊在木锥的上面，只要绳子一松，木锥便会扎进他们的身体。后来的"不眠"已经彻底地可以让人无法入眠了，受到这种刑罚的人没有一个还能睡着的，它不仅可以让犯人流很多血，甚至还可能让犯人残废。

经过宗教裁判所对"不眠"的不断"改进"，这种行刑方法和以前相比已经有了很大的变化，然而唯一不变的是行刑时间的长短，后来的"不眠"和初始的"不眠"一样都要进行40个小时。

然而，被宗教裁判所的法官们寄予厚望的"不眠"对马弗利佐没有产生丝毫的效果，他仍然不愿意说出一句让法官们喜欢听的话，恼羞成怒的法官们决定不惜任何代价让马弗利佐开口，然而当离"不眠"规定的40个小时还有几个小时的时候，他们意识到这次从马弗利佐的嘴里是得不到什么了，于是愤怒地说："为什么有那么愚蠢的'40小时'规定，为什么不能无限时地使用'不眠'！"最后，这些凶险狡诈的人想出一个办法：虽然刑讯不允许继续进行，可是中断后再重新开始却没有什么不可以的。于是他们暂时把马弗利佐松绑，中断一段时间后又重新进行刑讯。

对马弗利佐的残酷折磨整整持续了将近 70 个小时，但是马弗利佐无比坚强的意志使他忍住了一切，他留给法官们的只有蔑视和愤怒的目光。1599 年 12 月 12 日，马弗利佐被判处死刑。

马弗利佐没有说出一个字，这样就使有关康帕内拉罪行的供词还是缺乏足够有力的证据支撑，而法官们虽然对康帕内拉也进行过多次审讯，但是他一直矢口否认任何有关他的违法言行。康帕内拉的"顽固不化"让宗教裁判所的爪牙们气急败坏。由于对犯人实施刑罚需要罗马教廷颁布的许可令，因此在许可令申请期间，他们决定先将康帕内拉关进一个叫"鳄鱼坑"的地方。"鳄鱼坑"，顾名思义就是鳄鱼生活的地方。

康帕内拉被两个狱吏带到"鳄鱼坑"的门口。狱吏强迫康帕内拉脱下衣服和鞋子，身上只留着一件衬衣。"鳄鱼坑"的大门打开了，顿时，一股刺鼻的臭味带着寒气扑面而来。前面的道路一片漆黑，狱吏点燃了一盏油灯。在幽暗的灯光下，康帕内拉缓慢地走下台阶，在最后一个台阶上，他终于看清了，原来整个"鳄鱼坑"其实就是一片泥塘，没有窗户，没有凳子，没有床，只有潮湿的墙壁，当刑犯筋疲力尽的时候，只有倒在烂泥里休息。狱吏示意康帕内拉走到泥塘当中，然后在他的脚上套上脚镣，另一端则固定在地上。这样，康帕内拉只能在很小的范围内移动。做完这一切后，两个狱吏捂着鼻子赶紧离开了。

"鳄鱼坑"的门关闭了，康帕内拉瞬间就被淹没在黑暗之中。没有衣服，又正是寒冷的冬天，双脚站在冰凉的泥中，康帕内拉被冻得瑟瑟发抖。为了取暖，他只有不停地挥动胳膊，或者走来走去，有时候甚至用手提着脚镣原地跳动取暖。但是时间一长，由于不断地摩擦，双脚就被脚镣磨得鲜血直流。不久，康帕内拉就累得不行，双腿开始抽筋。他多想什么也不顾地坐在泥中，可是坐久了，寒冷就会让他四肢僵硬，失去知觉。康帕内拉无奈，只有站起来继续跳动。

"鳄鱼坑"位于地下，在这里，地面上的任何声音都听不到，也没有窗口，牢房里面永远是黑暗。康帕内拉经常连白天和黑夜都分不清楚。为了摧毁罪犯的意志，食物的送给也是没有规律的，有时候只给他一片面包和一杯凉水，有时候一天都不来给他送一点吃的，康帕内拉经常处于半饥饿的状态。寒冷和饥饿不停地折磨着康帕内拉，以致时间久了他连思考的力气都没有了，大脑越来越懒惰，反应越来越迟钝。他觉得自己就是在下意识地活着。有时候，康帕内拉的知觉一刹那间就消失了，他陷入半昏迷的状态，随后又猛地颤抖一下苏醒过来，然后费很大的力气睁开双眼。为了克服疲倦，康帕内拉不停地想象马弗利佐的精神，想象心中的"理想国"，这样他就会有一种莫名的勇气支撑着自己。

突然有一天，康帕内拉发现"鳄鱼坑"开始进水了，他想起了有关"鳄鱼坑"曾经淹死过人的可怕事情。由于"鳄鱼坑"和监狱四周的壕沟相通，而监狱又在海边，每每海上涨潮或者有暴风雨来袭时，海水就会冲进壕沟流进"鳄鱼坑"。水势越来越猛，康帕内拉开始大声地喊叫，但这些都是徒劳的，没有人听得见从地下发出的声音。很快，水就漫过了康帕内拉的膝盖。由于腿被固定在地上，如果水位继续升高，等待康帕内拉的只有死亡。康帕内拉愤怒地想，难道宗教裁判所没有人记得他被关在这里吗？

"鳄鱼坑"里的水位越来越高，很快就要漫过康帕内拉的脖子了。冰冷的海水好几次差点让康帕内拉晕厥过去，他不断地提醒自己千万不能倒下去，因为一旦倒下去就有可能永远起不来了。可是一下子死去不是更好吗？康帕内拉立即打消了这样悲观绝望的念头，尽管他也知道，即使活下去，等待他的也只是新的折磨、刑讯或者另一种死法，但是他心中的"理想国"还没有让世人知道，还没有实现，如果就这样让自己死在这里，又岂能甘心？

于是，康帕内拉一边在水中不停挣扎，一边拼命地喊叫……当康帕内拉从"鳄鱼坑"被拖出来的时候，水已经快漫过他的头顶了。康帕内拉躺在过道上一动不动，他实在太累了，只是胸脯的一起一伏证明他还活着。站在他周围的狱吏窃窃私语，难道他是一个怪物吗？狱吏认为他一定和魔鬼有什么关系，否则怎么能够在"鳄鱼坑"坚持七天？或许他本人就是魔鬼的化身。康帕内拉连衣服都不能自己穿了，狱吏帮他穿上衣服和裤子后，架着他向牢房走去。途经院子时，温暖的阳光让康帕内拉恢复了一点知觉，他觉得自己很幸福，因为他还活着，还可以为了自己的理想继续斗争。

然而，回到牢房并不意味着康帕内拉得到了喘息的时间。宗教裁判所在得到了罗马教廷的允许后，准备对康帕内拉实施新的刑罚——"马驹"。虽然狱医说现在康帕内拉的身体过于虚弱，需要休息，但是宗教裁判所的人对医生的建议并不理会，仍然坚持对康帕内拉用刑。

据说这是"马驹"第一次在这个监狱里被使用。"马驹"的发明者是一个马具业的行家，他制造的这个工具起初是为了驯服不听话的马匹；现在"马驹"被宗教裁判所成功引进，用来制伏"不听话"的囚犯。

"马驹"实际上是一个拷问架，它的形状是一个像小梯子似的木头框子，梯子的横木被削成尖尖的形状，犯人仰面躺在上面，这些横木就从头到脚扎进他的肉里。梯子的一头有一个像睡帽似的大勺子，这是放犯人脑袋的地方。木框的两边和"睡帽"上面都钻有小孔，绳子从这些小孔里依次穿过。第一道绳子勒在犯人的脑门上，最后一道绳子拴在脚的大拇指上。通常，绳子有13道，但是根据罪犯的"顽固"程度还可以增加。在对康帕内拉用刑的时候，绳子已经增加到19道，而且可以用一种特殊的工具将绳子越勒越紧，行刑的时候就好像要把肌肉勒进骨头似的。"马驹"只有在非常情况下才能使用，因此需要特别的申请和教廷的批准。

康帕内拉被"马驹"折磨得皮开肉绽，死去活来，但是仍然没有说出那些法官想听的话。为了迷惑他们，拖延审讯的时间，他承认自己的确想要成立共和国，但他想象中的共和国是由西班牙国王领导的全世界基督教共和国，他还引用了大量的占星术语和很多古代的语言来证明自己动机的正确性和可行性。康帕内拉冗长的陈述用了很长时间，法官们最后终于支撑不住了，决定下次再开庭继续审问。

后来，法官们又对季奥尼斯使用"马驹"，当季奥尼斯被折磨得当场昏厥，"马驹"的绳子崩断几根以后，法官们终于意识到从他的嘴里也得不到丝毫有用的证据了。医生检查了晕倒的季奥尼斯，告诉法官们这次用刑过量可能导致罪犯残废，甚至都无法在审讯笔录上签字的时候，法官们只是恶狠狠地说："那就让他用嘴含着笔签字！"

康帕内拉和季奥尼斯的勇敢精神也激励了其他人，连以前很胆小的俾佐尼也受到了鼓舞。在俾佐尼经受住了普通的刑讯后，宗教裁判所的法官们十分恼火，因为他们记得以前俾佐尼是十分顺从的，于是便吩咐狱吏对俾佐尼也实施"马驹"。"马驹"一直折磨了俾佐尼两个小时，他也始终没有承认自己的罪行，并且一直强调以前的口供是假的。法官们恼羞成怒，把他折磨成了重伤，折断了肋骨，最后被狱吏抱回了牢房。

按照常理，康帕内拉所承认的"共和国"实际是受西班牙国王领导的，又是一个基督教国家，虽然与王制要求不符，但也不算什么滔天大罪。但是法官们显然不想轻易放过这个有着异教思想的人。当康帕内拉请求给他更多的时间向西班牙国王和教皇写申诉书的时候，法官们再也不理会他，对他宣布说："你的案件已经结束了，继续为拖延判决而玩弄的任何诡计都是没有意义的。为了国家的利益，需要将你处死，你不必再想为自己辩护，而应该考虑准备接受最后的圣餐（基督教的一种仪式，这里表示死前最后一餐）了。"

当天康帕内拉就被调到严密监控的牢房，禁止他写东西，也不允许他与任何人来往。康帕内拉意识到法官们这次不是恐吓，而是要真正地判决了。

不知道是由于新年快到了，还是因为案件的审讯就要结束了，有很多神父来到牢房，他们反复劝告囚犯们要考虑考虑自己可能面临的死刑，要诚心忏悔自己的罪恶和承认一切的罪行。当然，神父们也没有忘记康帕内拉，当神父要求他进行忏悔时，康帕内拉坚决地拒绝了。神父用十分粗暴的语气说："你难道不为自己的灵魂着想吗？你已经拯救不了自己了！"

怎么办？难道自己就要这样死了吗？

为求生存狱中巧妙装疯

1600年4月2日，复活节前夜，努奥沃城堡发生了一件怪异的事情。天刚刚微微泛白的时候，正在打盹的狱吏被突如其来的嘈杂声惊醒。囚犯们疯狂地喊叫着，摇晃着监狱的大门，空气里还弥漫着十分呛人的烟味。着火了！

狱吏四处寻找火源，最后发现烟是从康帕内拉的房间里冒出来的。狱吏赶紧把大门打开，他们吃惊地发现康帕内拉正躺在一堆燃烧着的桌凳、被褥和衣服上。狱吏以为康帕内拉自杀了，却突然发现躺着的康帕内拉仍然发出一些稀奇古怪的声音。狱吏赶紧把康帕内拉拉到旁边的监牢里。

康帕内拉睁着他那双又黑又大的眼睛，一动不动地盯着地上，嘴里胡言乱语，说着别人都听不懂的语言；他一会儿手舞足蹈，乱蹦乱跳；一会儿安静地坐在地上一动也不动；一会儿猛地站起来往前走，一直撞到墙上，然后慢慢坐下，嘴里叽里咕噜说着什么；一会儿高呼"教皇万岁"，要求立即见教皇；一会儿欢呼"十字军远征"，劝别人不要阻止他招兵买马对付土耳其人。当有人来看他时，康帕内拉就对到来的人挤眉弄眼，紧接着就是一阵诡异的怪笑，然后胡乱摸着衣服，显出惊恐的神情，仿佛上面爬满了虫子。

从此，每天夜里他都会猛然跳起，匆匆忙忙地穿上鞋子，然后在牢房里走来走去，说自己即将出发参加十字军远征。他一边唱着教会的歌曲，一边在牢房里迈着正步，直到狱吏给他戴上手铐脚镣，强迫他躺下为止。无论谁来问他什么话，他的回答总是驴唇不对马嘴，即便可以听清楚他的一些支离破碎的话语，也都是有关教皇的。康帕内拉总是大喊："教皇一定会回来救我们的！"这些话传到总督的耳朵里，他开始警觉起来：难怪第一份告密书里就说起义者和教皇有关系。正是由于这样，总督对教皇使节的一举一动越来越感到怀疑了。

康帕内拉的突然发疯，甚至引起了努奥沃城堡监狱狱长的注意。有一天，狱长决定亲自去见见发疯的康帕内拉。当他走到监狱门口，就看见康帕内拉在牢房里乱蹦乱跳，嘴里念叨着不知来自哪里的语言，还不停地挤眉弄眼，时不时发出傻笑的声音。康帕内拉一看狱长来了，连忙把两只鞋子脱下，用鞋带系在一起，然后直起身子大声宣布："我现在正式任命您为十字远征军的大尉。"然后竟然要把鞋子挂在狱长的脖子上。狱吏连忙拉开康帕内拉，狱长则摇着脑袋离开了。

监狱里的医生告诉监狱长，康帕内拉变成疯子也不是什么奇怪的事情。在经过了那么多酷刑后，一般的人早就一命呜呼了，康帕内拉的身体虽然撑了下来，但是长期的监禁、刑讯或许已经把他的精神折磨崩溃了。另一个医生也表示赞同，认为从"鳄鱼坑"出来后，康帕内拉的精神就处于崩溃的边缘，现在又知道死刑离自己不远了，害怕死刑让他自然而然地就疯了。当监狱长问他们该如何让康帕内拉恢复正常的时候，两个医生同时摊手表示无奈，认为医学对此是无能为力的，唯一的希望是上帝怜悯他，愿意帮助他。

就这样，康帕内拉成了努奥沃城堡一道"亮丽"的风景线。城堡里的一些住户，甚至来监狱探视的人都不愿意错过参观"疯子"的机会，有的人甚至从很远的地方专门赶过来"参观"他。康帕内拉的牢房就像个展览厅，因此狱吏还从这些参观者身上捞了一笔不小的参观费。无论是谁来参观，康帕内拉一直都是赤裸上身，将两只手伸进鞋里，一会儿爬来爬去，一会儿蹦来蹦去，连哼带唱。

实际上，在好奇的人来观看"疯子"表演的时候，"疯子"也在留心地注视着周围的人。他一边喊叫，一边做鬼脸，可是他的耳朵却一直在工作，没有漏掉人们说的一言一语；他的眼睛表面上只是放射出茫然的目光，什么都没看，实际上他早已把看到的一切记在了心里；他整天整天地站在牢房中，好似患了梦游症一样走来走去，其实他的大脑一刻都没有停止思考，时时刻刻都在构思自己的著作。康帕内拉不得不加倍地小心，他处于特别的监视下，任何疏忽大意都有可能导致自己的暴露。康帕内拉在那些好奇地向他的牢房里张望的囚犯们面前都同样疯言疯语，就好像自己真的疯了一样。

可是，一直装疯实在是件不容易的事情，因为宗教裁判所的人都十分狡猾。

康帕内拉"疯"了以后，宗教裁判所的法官们非常恼怒，原以为终于可以了结的案件现在又要无限期地拖下去了。因为按照当时的规定，一个犯人在神志不清的状态下，是不允许被判决的。法官们气得直跺脚，难道要把这样一个密谋起义的要犯一直关在监狱里吗？这样无疑会阻碍整个案件审理的进度。虽然各方面都表明康帕内拉是真的疯了，但是法官们始终觉得事情太过蹊跷："怎么会有那么巧的事情，狡诈的康帕内拉该不会是在装疯卖傻吧?"于是他们决定暗中调查，看看康帕内拉是不是真的疯了。

法官们认为，如果康帕内拉真的是装疯，那么他不可能一直毫无破绽地装下去，只要找人在暗中对他的一言一行进行严密的监视，就一定会发现一些线索。于是，狡猾的法官们找来两个狱吏，让他们带上纸和笔悄悄地溜到康帕内拉的牢房门口坐下，认真记下牢房里传出的一切声音。

果然，他们的办法起了作用。

4月10日深夜，康帕内拉确定狱吏这个时候绝对在睡觉，于是他走到窗前，开始向窗外呼喊周围牢房的朋友。康帕内拉向他们倾诉，说十分想念自己的父亲和弟弟，想打听他们的情况，然后他又咒骂了西班牙的统治，最后和狱友们互道晚安，然后牢房里便没有了声音。这一切自然没有逃脱牢房外监听者的耳朵。过了几天，康帕内拉和狱友们的谈话又一次被记录了下来，这次康帕内拉竟然说："大家一定要坚持住，等大家出去后，我一定给大家作诗赞扬大家的勇敢。"这些记录材料送到宗教裁判所的法官们桌上，他们喜出望外，嘲笑道："就知道他一定是在装疯，一个疯子竟然还会写诗!"但是这份材料仍然不能作为审讯时的证据，因为既没有第二个人听到，犯人也不会亲口承认。

法官们虽然明白康帕内拉很可能在装疯，但是依然没有办法确定，经过商量，他们决定还是要对康帕内拉施行残酷的刑讯——"不眠"。

1600年7月8日，康帕内拉又一次被带进了法庭。可他仍然是疯疯癫癫的，一个问题不得不向他重复许多遍。他开始说话了，法官们还以为终于能够听到明白的回答，可他不是在胡说八道，就是大声唱歌，仿佛在戏弄他们。法官们要求康帕内拉摘下头上的帽子，可是康帕内拉说什么都不愿意将帽子拿下来，一个狱吏从他手里把帽子抢走了，他们差一点就打了起来。法官们摇摇头，便示意将康帕内拉拖进审讯室。

当狱吏抓住康帕内拉的双手准备脱去他的衣服的时候，他便拼命地挣扎，向整个屋子的人狂吼道："不许碰我！都给我滚开！谁要是碰我就要被开除教籍！"于是，他就穿着衣服被拖上了拷问架。当狱吏准备将康帕内拉捆绑起来的时候，他又一次疯狂地叫道："捆吧，紧紧地捆吧，最好能一下子把我弄成残废！"很快，康帕内拉便一动不能动了，他的双腿被吊在天花板上，双手被反捆在背后，滑车把他吊到尖木桩的上面。法官恶狠狠地说："可怜的人，承认一切吧，否则就让你下地狱！"可是康帕内拉似乎没有听见他的话，只是呆呆地看着法官，一言不发，然后就是一阵傻笑。

法官失去了耐性，吩咐手下放松绳子，尖木桩便隔着衣服扎进康帕内拉的身体，没过多久，鲜血伴随着康帕内拉的一声声惨叫染红了他的衣服。法官们带着得意扬扬的笑容，对康帕内拉说："别再装疯了，这样可以少些痛苦。"可是康帕内拉依旧还是疯疯癫癫的，他一会儿要求大家都来吻他，因为他觉得自己是伟大的圣徒；一会儿又要求教皇来救他，因为他又把自己称为主教。康帕内拉的不屈彻底激怒了这些凶恶的法官，他们不断要求狱吏拉高绳子，以增加尖木桩和康帕内拉之间的距离。

宗教裁判所的法官们气得大发雷霆。审判工作的结果能否顺他们的意，将完全取决于能否摧毁康帕内拉的意志，如果他们能够让康帕内拉亲口承认自己是在装疯，那些偷听来的材料就可以成为最有力的证据，那么他们便可以很快将康帕内拉以密谋起义者和"异教徒"之罪判处死刑；如果"不眠"都无法打垮康帕内拉，那么案件的审讯将走进死胡同，因为现在唯一的重要证人俾佐尼也因为疾患在狱中去世了，如果康帕内拉在刑讯的折磨下依然否认一切，那么就只能说明他是真的疯了，而按照规定，疯子是不能接受审判的。

尽管狱医曾就这个刑罚提出警告，要求行刑要有节制，因为如果对一个罪犯长时间使用"不眠"，那么木桩很快会扎到其内脏或者扎破其血管，最终导致犯人一命呜呼。但这些法官显然已经忘记了医生的忠告，一刻不停地命令狱吏行刑，并且近乎疯狂地要求康帕内拉"快说实话，快点忏悔"！

可是康帕内拉对周围人不断地大喊大叫，对法官的要求根本没有任何反应，他昏死了过去。当他被冷水浇醒后，也只是偶尔喊几声"妈妈……"

首先坚持不住的竟然是宗教裁判所的法官们。他们轮流出去休息、吃饭，只有康帕内拉依然被吊在尖木桩上。天黑了，狱吏拿来蜡烛，以便审讯可以继续进行下去……城堡塔楼上的钟敲了十二下，法官们开始轮流去睡觉，可是对康帕内拉审讯的车轮大战还是没有停止。尽管康帕内拉一刻不得安宁，但是法官们却什么也没有得到。法官们往康帕内拉的嘴里灌了一大杯烈性酒，希望酒可以让死不开口的康帕内拉畅谈起来。

康帕内拉果然开口说话了，法官们高兴极了，但是他们很快便发现高兴得过早。当他们将耳朵凑近康帕内拉的时候，却发现他说的话依然和案件无关，只是提到自己和朋友的亲人，乱扯什么婚姻，还对法官们说："我们都是兄弟呀！"接着又是好长一段时间的沉默，康帕内拉呆呆地望着牢房里的蜡烛，一句话也不说了。

即使可以轮流休息，法官们也已经累得不行了，可是一直无法让康帕内拉招供。天快亮的时候，康帕内拉又一次失去了知觉，甚至往脸上泼冷水也没有办法让他苏醒，法官们只好先将他放下来，解开绳子。

不知过了多久，康帕内拉睁开了眼睛。有人认为是饥饿降低了康帕内拉对疼痛的感觉，于是法官们让康帕内拉吃了点东西后，重新将他送上了拷问架。这时候审讯室里已经相当恐怖，康帕内拉浑身是血，刑具和地上也布满血迹。宗教裁判所的法官们突然想到，或许应该把季奥尼斯带进来劝劝康帕内拉，顺便让季奥尼斯看看如果不招供会有什么样的结果。

季奥尼斯从法官们愤怒的表情上就知道，他们一定拿康帕内拉没有办法，并且，牢房里恐怖的景象也没有给他造成任何心理负担，反而是康帕内拉不屈不挠的精神给了他更大的勇气。

法官要求季奥尼斯劝劝康帕内拉，早点说出实话，免得继续遭受皮肉之苦。于是季奥尼斯便开始长篇大论地规劝康帕内拉，劝他应该向法官们说出全部事实。忽然，康帕内拉肯定地点了点头，不明情况的法官们还以为朋友的规劝起了作用，便把康帕内拉从拷问架上松绑下来。不料，康帕内拉却要求他们允许他上厕所。这时，季奥尼斯意识到这或许是可以和康帕内拉单独待在一起的好机会，便主动要求扶着康帕内拉去，说这样可以利用路上的时间好好劝劝他，很会演戏的季奥尼斯用自己假装出来的热情欺骗了法官们，也或许法官们由于长时间的审讯也筋疲力尽了，他们竟然答应了季奥尼斯的要求。

季奥尼斯和康帕内拉终于找到机会，可以商量一下必须要做的一些事情了。由于迟迟没有回到审讯室，法官们不得不派狱吏去找了好几次，季奥尼斯才扶着康帕内拉缓慢地走回来。康帕内拉刚刚坐到凳子上，法官们便开始了讯问。

"你们到底要我干什么呢?"康帕内拉只是嘟囔这么一句，便又开始疯言疯语了。季奥尼斯则是双手一摊，做出无奈状，说道："我也无能为力，他是真的疯了。"

法官们狠狠地踢倒康帕内拉坐的凳子，让狱吏再次把他拖上拷问架。他们彻底失去了耐心，一边用刑，一边狂吼："快点说实话!"

眼前的残暴行为，让季奥尼斯忍不住闭上了眼睛。而康帕内拉一个字也不说，甚至都没有痛苦的呻吟，就好像他感觉不到疼痛。慢慢地，康帕内拉合上了眼皮，头耷拉着，陷入了晕厥状态。

这次，无论狱吏做什么都无法让康帕内拉清醒了，甚至用烧得通红的烙铁烫他的脚后跟，康帕内拉仍然像死去了一样，一动也不动。康帕内拉难道死了吗?

法官们找来了狱医。狱医在仔细地检查了康帕内拉的伤势后，建议立即停止用刑，因为尖木桩让这个犯人的身体多处受伤，昏厥可能是流血过多导致的，如果继续用刑会直接导致犯人死亡；现在应该尽快包扎伤口，让犯人休息一下。

法官们无奈地宣布结束这次刑讯。这次对康帕内拉的拷问整整持续了 36 个小时。

由于康帕内拉已经不能动弹，法官便让狱吏把昏死的康帕内拉背回牢房。康帕内拉的牢房在高层，上了几层楼的狱吏由于体力不支便把康帕内拉放下，倚在墙边休息。这时候，康帕内拉的嘴角露出了一丝不易察觉的笑容，这是胜利者的微笑，是对宗教裁判所那些凶残法官们的嘲笑。

只剩半条命的康帕内拉终于可以得到短暂的休息时间了，然而出乎意料的是他的伤势逐渐好转了。凡是知道"不眠"这种刑罚的人在看到康帕内拉现在这样的恢复速度时，都认为是不可思议的。用康帕内拉自己的话说，他在受刑的时候失去了"一磅肉和十磅血"。医生们一致认为康帕内拉之所以能够康复得这么快不是由于什么药草、药膏，而是由于康帕内拉那罕见的顽强性格和超出凡人的生存意志。

也正是在这个时候，康帕内拉遇到了自己人生中一个重要的人——季阿诺拉修女。季阿诺拉是监狱医院的护士，在当了修女以后，上级准许她和家人住进努奥沃城堡。她每天在女囚犯的牢房中照顾患病者，除此之外，善良的季阿诺拉还给她们念《圣经》，让她们得到安慰，看到希望。在一些特殊的情况下，监狱也允许她到男牢房来。

这几天，由于照顾男囚犯的医生患了重病不能工作，监狱便派季阿诺拉每天来给康帕内拉治疗和换药。在狱吏的监视下，季阿诺拉每次换药的时候，康帕内拉嘴里依然不知所云地嘟囔着什么。狱吏经常告诉季阿诺拉，康帕内拉是和魔鬼打交道的危险人物，要特别地小心。季阿诺拉每次都满口答应，却又心存疑问："为什么大家都对这个所谓的危险人物赞不绝口？为什么我的朋友都说他是一个非常正直的人？"有一次，季阿诺拉照例来给康帕内拉换药，狱吏不知是有事还是疏忽，竟然独自跑到了牢房的过道上，没有监视他们。此刻，牢房里只剩下他们两个人。

康帕内拉突然盯着季阿诺拉。这位年轻的护士看出这是一个正常人的眼神，但是却感到有些不知所措，她边收拾药品，边问康帕内拉："你还有什么事吗？我要回去了。"

康帕内拉内心激烈地挣扎着："怎么办？能不能相信这个年轻的修女？她似乎是个善良的人，她会愿意帮我和其他狱友们联系吗？如果她去告密了怎么办？"

来不及多想了，必须和狱友们尽快取得联系，康帕内拉决定赌一赌。

"是的!"康帕内拉坚决地说,"我有事,请你一定要帮助我。我需要纸、笔和墨水。"

季阿诺拉露出了无比惊讶的神情,她没有想到康帕内拉竟然会想要这些在监狱里被严格禁止的东西。

"请你一定要帮帮我!"康帕内拉语气中充满了坚定与信任。季阿诺拉看见他颧骨上的肌肉紧张地凸起来,感觉到了他内心蕴藏着的巨大毅力。

狱吏回来了,季阿诺拉急急忙忙走了。康帕内拉又恢复了憨傻的状态,但是内心却十分清楚。他一直在思考一个问题:"她真的会帮助我吗?"

季阿诺拉回到自己的房间里,却久久无法入眠。她一直在犹豫到底该不该帮助康帕内拉。季阿诺拉暗自思考着:"虽然监狱的人说他是危险人物,但是康帕内拉的眼神里流露出的分明是善良与坚定,周围的人,甚至女囚犯中的很多人都对康帕内拉赞赏有加……嗯,我决定相信自己的感觉,相信朋友们的评价……"于是季阿诺拉起身,开始准备康帕内拉所需要的物品。

第二天,季阿诺拉依旧来给康帕内拉换药。唯独不同的是,今天季阿诺拉显得特别紧张,她趁狱吏转身的一瞬间,将物品迅速塞进康帕内拉的被褥里,然后又装成若无其事的样子继续换药。季阿诺拉是个聪明的女孩,用来装墨水的瓶子是原先装药水的小瓶子，用它装墨水可便于康帕内拉收藏。康帕内拉先是一惊，然后心里充满了感激之情。由于狱吏的监视，康帕内拉没有办法说话，只有用眼神表达自己对季阿诺拉的感谢，季阿诺拉也用眼神回应。他们之间已经形成了默契。

他给季奥尼斯写了一张条子。新的问题又来了，谁来充当传递员，还能继续找季阿诺拉吗？如果这个条子落到宗教裁判所的人那里，无疑是证明自己装疯的最有力的证据；可是现在除了季阿诺拉值得相信，还有谁愿意帮助自己呢？康帕内拉将自己和狱友恢复联系的希望完全寄托在了季阿诺拉身上。

现在康帕内拉已经掌握了狱吏监视的规律：在起初的时间里都是很认真的，但是时间长了他们便会去过道里转悠几圈。于是，当季阿诺拉来换绷带，狱吏在牢房里的时候，康帕内拉还是和往常一样像疯子似的大声唱歌，胡言乱语；当狱吏转身离开的刹那，康帕内拉便把条子塞进季阿诺拉的手中，叮嘱道："拜托你一定要当心，这个条子可不是一个疯子写的，请你交给季奥尼斯。"

季阿诺拉有些惊恐，显得犹豫不决。

走廊里的脚步声越来越近。

"快把它藏起来！拜托你了！"康帕内拉紧紧地握住她

的手。

季阿诺拉把纸条藏在胸前，她的脸红到了耳根。

狱吏走了进来，牢房里情景依旧，康帕内拉神情呆滞地唱着歌，季阿诺拉整理药品准备离开。

可是在随后的几天里，季阿诺拉都没有出现。康帕内拉内心焦虑："是因为我不需要再换药了，所以监狱不让她过来了？还是我写的纸条已经落到那些法官的手里了？"想到这，康帕内拉赶忙摇了摇头，他相信季阿诺拉绝对不是出卖别人的那种人。可是事实让康帕内拉很难接受，季阿诺拉再也没有来过。

在不安的情绪中，康帕内拉煎熬地过着每一天。一个宁静的深夜，康帕内拉突然听见牢房的上面有人在喊他的名字，仔细一听，原来是季阿诺拉！康帕内拉不敢相信自己的耳朵，赶忙来到窗前，发现一个用绳子系着的小篮子。篮子里除了热乎乎的食物，还有两张字条，一张是季奥尼斯写的，另一张是季阿诺拉写的。季阿诺拉告诉康帕内拉要多加小心，并提醒他不要和她说话，有人监视她。康帕内拉心头一热，觉得自己越来越倾心于季阿诺拉，她不像监狱里其他的姑娘，有的喜欢别人用好听的言语恭维自己，有的喜欢和别人开玩笑，显得格外轻佻……于是康帕内拉当即写了一首小诗送给季阿诺拉。现在，即使康帕内拉没有再提出要求，季阿诺拉也会给他送笔和纸，还有比监狱的好吃不知多少倍的可口饭菜。

春天到了，可是监狱里丝毫没有初春的味道，只有一阵又一阵的臭味，只是偶尔刮起的海风会给监狱带来海水的气息。监狱外面的一些地方已经长出了绿色的嫩嫩的小草，暖和的阳光毫不吝啬地抚摸着所有新生的生物。康帕内拉在给季阿诺拉的字条中写道：在这美好的季节里，监狱外面充满了令人陶醉的春天的气息，我是多么想亲自闻一闻啊！第二天，康帕内拉从用绳子坠下来的包袱里找到了一束新鲜的青草。多么体贴人的季阿诺拉啊！康帕内拉把青草放在鼻子前，贪婪地闻着从它身上散发出来的春天的味道，觉得自己顿时充满了对自由的渴望，坚定了战胜一切困难的信心。

康帕内拉时常向季阿诺拉打听监狱外的事情，可是她一直住在城堡里，对外面的事情也是所知甚少。康帕内拉问得那么急切，季阿诺拉也想能帮上忙让他高兴，于是她就每天向监狱长借当地的报纸看，然后再把这些报纸传递给康帕内拉，有时候报纸里还包上一块奶酪或者馅饼。所有的这些，都让康帕内拉觉得自己越来越爱慕这个善良、美丽、聪明的女子了。

康帕内拉虽然表面上疯疯癫癫，但是心里却一直在构思着一部又一部著作。当有人监视的时候，他就表现得像一个疯子；当只有他一人的时候，便一刻也不停地奋笔疾书，然后将写好的手稿传递给季阿诺拉抄写，再由她转送到康帕内拉狱外的朋友那里。康帕内拉认为，为了迷惑对手，在审讯中争取更多的时间，现在应该尽快写好一部用以证明卡拉布里亚的起义者不是西班牙的敌人的著作。他把这部著作起名叫《西班牙君主国》。这本书从泛论国家的本质开始，援引了许多历史材料，他断言西班牙要征服全世界，在全世界建立起君主政体。他认为西班牙人与不信教者所进行的长期战斗，使西班牙人具备了充分的智慧和勇敢，西班牙会成为世界上最强大的国家，因此未来是属于西班牙的。

同时，康帕内拉为了让教皇也明白自己没有私心，于是在书中提到，西班牙要成为世界的统治者还需要一个前提，那就是必须让国王永远和教皇保持同盟的关系：西班牙最好的支柱就是天主教，教皇的使节应该成为各个省的省长；在军队中必须给每个军官配备一位神职人员作为自己的参谋；另外，给士兵发军饷和征收税款的重要工作也应该由教皇的人负责。

这部书稿的写作虽然有康帕内拉自己的一定的目的，但也并非全是虚伪的内容。书中还提到了国家生活的各个方面，提到国王应该怎样治理国家、制定和维护法律、组织军队、管理财政。他认为国王还应该保护科学，关心各种学校的发展，还要注意本国的经济繁荣，特别是要注意对待臣民是否真正公正。这些内容都非常接近康帕内拉心中真实的思想：一个国家要特别重视科学与教育的作用以及军事和经济。

康帕内拉最后总结到，上帝必然会让西班牙成为全世界的统治者，但只有按照自己在书中的建议建设国家才有可能事半功倍。康帕内拉还表明自己全心拥护由西班牙君主所领导的未来的世界大同的帝国。

康帕内拉说了那么多违心的话却并没有觉得不好意思，如果他的书能够证明卡拉布里亚的起义者只是致力于建立一个首先是为西班牙国王、其次是为教皇利益着想的理想国家的话，或许能够救下很多人的性命。在结尾的时候，康帕内拉把日期写成是起义以前，这样就可以证实这本书早在起义之前就已经写好，起义不是想推翻西班牙人的统治了。

《西班牙君主国》的写作用了一年多的时间。这期间康帕内拉每天只能抽出一点点的时间写作，有时候一整天连一小页都写不完。他的牢房经常受到搜查，但是每次搜查都根本不能从他的牢房里找到任何东西，因为康帕内拉有一个忠实可靠的助手，季阿诺拉已经用绳子把写好的每一页手稿都提到她那里去了。谁能想到，一个装疯作傻的人会在监狱里遇到一个愿意实心实意帮助他，并且让他心里充满无限幸福的女人呢？有时候，季阿诺拉会送给康帕内拉一缕头发，他就会把那缕头发紧紧地贴在自己的脸颊上；有时候，自己梦见美丽的季阿诺拉，便会从梦中笑醒……

《西班牙君主国》由季阿诺拉找人誊写，虽然季阿诺拉一直催促他们抓紧时间，但是一直到 5 月的最后几天，她才给康帕内拉带去了好消息：抄写工作终于完成了。现在应该找一个可靠的人将这本书递交给法庭，书中的日期会证明，这本书是康帕内拉在准备起义的时期写成的，法官们或许会相信卡拉布里亚的起义并非是出于反对西班牙人的统治。现在康帕内拉能做的就是耐心等待，希望自己的这本书能够发挥作用。

1601 年 8 月 2 日，康帕内拉像往日一样，正倚靠在牢房墙壁上写作。他现在正在写《伟大的结论》，这本书早在他返回卡拉布里亚之前，就在那不勒斯开始着笔了，如今他决定继续写这本书。中午时分，康帕内拉好像听见了一阵吵架的声音，不一会儿噪声就消失了，他也没有理会。然而，正是这场斗殴给康帕内拉带来了不幸。

傍晚，正当康帕内拉聚精会神地写作的时候，牢房的门突然打开了。"这个时间不该有人来啊。"康帕内拉心中一阵慌张，意识到情况不妙，赶忙来到窗前把写的东西扔到窗外。当他回过身准备扔笔和墨水的时候，三个狱吏已经站在他的面前了。"搜查!"一个狱吏喊了一声,然后命令另一个人下楼去搜查。不久,下楼搜查的狱吏回来了,手里多了康帕内拉刚刚扔出去的纸张。整个晚上,努奥沃城堡监狱都在吵吵闹闹,每个牢房都被狱吏翻了个底朝天。最后,囚犯还被聚集在一起,重新安排了房间。

康帕内拉暗自揣摩着:"到底发生了什么事情?或许季阿诺拉可以告诉我。"但是康帕内拉在夜里却没有等到季阿诺拉,这让他更是坐立不安,难以入眠。"是因为我连累她了吗?是不是被搜去的手稿让她处境危险了……"康帕内拉希望季阿诺拉能够聪明地渡过难关,因为昨天并没有人看见他在写《伟大的结论》,只要他否认一切,只说这本书可能是没有疯之前写的就可以了。"可是她能想到么,她会有危险吗?"在不断的担心中,康帕内拉一夜都没有合眼。

这次努奥沃城堡监狱的大搜查收获颇丰,除了康帕内拉的手稿,还有字条、诗歌、禁书和信件。监狱长不敢隐瞒实情,将这些证据全部转交给总督。总督甚为愤怒,斥责监狱长的失职,认为审讯工作迟迟没有进展正是由于监狱管理的混乱导致囚犯可以利用纸条串通,便要求监狱长全面整顿监狱的事务。于是监狱长撤换了所有的狱吏,要求严密监视密谋起义的要犯,做到每个要犯都要有单独的狱吏看管。监狱长本来还想提审康帕内拉,可是一想到以往审讯的情景,他就放弃了这个想法，因为他知道审讯一定不会有结果。

康帕内拉不知道发生了什么事情，现在唯一令他放心不下的就是季阿诺拉。此刻，康帕内拉有些憎恨自己了，因为是自己使她陷入不利的处境，而自己却无力保护她。康帕内拉发现，新来的狱吏和以前的任何一个狱吏都显得不同，他比较面善，空闲时候还会捧着一本书，看得津津有味，对待犯人也不是那么凶恶。这个年轻的狱吏是个十分有趣的人，他以为康帕内拉是个疯子，所以有时候还会对着康帕内拉说话。有一次，他告诉康帕内拉："这些人真是太坏了，把一个天才折磨成这样……天才无论犯了什么错，都是可以得到原谅的……唉，我现在待在这里真是生不如死，简直是虚度光阴。我其实很不喜欢来监狱看管犯人，如果不是为了筹钱去学习，才不会来到这里。"康帕内拉听到这里，觉得这个小伙子似乎是个正直的人，于是他决定将装疯的事实告诉他。当这个年轻的狱吏知道康帕内拉是在装疯时，先是一惊，后来慢慢恢复了平静，还夸奖他真的是天才，比任何人都聪明，是个值得钦佩的人。康帕内拉利用自己的才识很快就和这个爱好学习的小伙子混熟了。康帕内拉答应小伙子教他知识，小伙子则保证不会泄露他装疯的秘密，但也不会帮助他越狱。

康帕内拉虽然不能走出监狱，但是已经很满足了。现在不仅有人愿意听他说出自己的思想，他还能通过这个年轻人知道很多事情，甚至和一些狱友恢复了联系。

新来的这个狱吏告诉康帕内拉，这次的大搜捕正是源于一次犯人的打架斗殴。那天犯人们都在院子里放风，季奥尼斯和康帕内拉的一些好朋友与另外几个有告密行为的人因为一些小事情吵了起来。本来季奥尼斯对这些人的告密行为就大为不满，想找机会报复，于是就趁机打了对方的脑袋，然后便和他们打了起来，很快就演变成了群殴。告密者吃了亏，便向狱吏报告季奥尼斯有过传纸条的行为，这才引起了监狱方面的大搜查。而正是由于这次意外的告密行为，季阿诺拉也被放逐到一个遥远的修道院里去了。

康帕内拉伤心极了，他十分想念季阿诺拉，在他的床边，还放着那一缕季阿诺拉送给他的头发。如今，什么时候才能再和她见上一面呢？甚至连告别的话都没有一句，便再也见不到她了。康帕内拉有些自责，毕竟是自己连累了季阿诺拉，而现在自己唯一能做的就是祝福远方的季阿诺拉一切安好。

慢慢地，康帕内拉通过这个求知若渴的年轻人又和季奥尼斯取得了联系。从季奥尼斯传递过来的纸条上，康帕内拉得知季奥尼斯的一个朋友决定帮助他越狱，但是因为条件的限制，只能救走两个人。康帕内拉给季奥尼斯回复，要求他把彼得·庞斯带走，因为现在所有的证据对季奥尼斯和彼得·庞斯都是极为不利的，他们很有可能受到火刑，而自己现在是个"疯子"，暂时应该是比较安全的，还有很多时间考虑如何让自己活下去。

1602年10月16日，努奥沃城堡一阵骚乱，季奥尼斯和彼得·庞斯越狱成功了。这件事情让教皇十分不满，下令要采取一切措施尽快抓住逃犯，甚至连捉住逃犯后应该如何处置都想好了。但是，一切都没有用，因为一切搜索和追捕都没有获得任何线索，季奥尼斯和彼得·庞斯消失得无影无踪了。

在越狱发生的最初几天里，康帕内拉十分不安，总是担心他们会被抓回来。可是，一连几个星期过去了，仍然没有坏的消息传来，康帕内拉这才稍稍安心，他相信他的朋友们已经安全逃出意大利了。

1603年1月8日，宗教裁判所的法官把康帕内拉带到大厅，准备宣布对康帕内拉的判决。这让康帕内拉着实吃了一惊。因为按照宗教裁判所的审判程序来说，是不应该对一个疯子做出判决的。或许越狱事件让总督和宗教裁判所的所有爪牙再也忍受不了了，决定尽快了结这个已经拖了近三年的案件。宣判大会是由教皇亲自主持的，法官们个个装模作样地坐在周围。大厅里没有人说话，昏暗的灯光使大厅显得更加阴森可怕。书记在教皇的示意下站了起来，打开宣判书，用有些做作的声音开始宣读："康帕内拉修士因蔑视教规教义，具有严重异教思想的嫌疑，被判处终身监禁，永远不得赦免！等西班牙世俗法庭审讯完密谋起义的罪行后，立即将康帕内拉押往罗马。"

宣读完毕后的很长一段时间里，大厅安静得几乎让人窒息，突然，康帕内拉发出了一阵狂笑。一个被判处终身监禁的人竟然还在宗教裁判所的法庭上哈哈大笑，这让教皇已经吃惊得愣住了。狱吏赶忙起身把康帕内拉往外拉，康帕内拉边走边向法官们挤眼，然后又是一阵大笑。难道康帕内拉真的疯了吗？其实法官们现在已经不在乎他是不是真的疯子了，因为不管他是真疯还是假疯，这件宗教当局关心的长达数年的异教徒案件终于算是了结了，既然他不承认一切，那就让这个假疯子死在牢房里吧。

危急时刻巧施离间妙计

这一判决使得康帕内拉继续装疯也没什么意义了，而西班牙的世俗法庭或许很快就会判处他死刑。自从季奥尼斯和彼得·庞斯越狱成功后，监狱加强了看守，白天黑夜都有人巡逻。看来越狱也行不通了，该怎么办呢？难道要放弃反抗，坐以待毙吗？

这时，康帕内拉突然想到一件事情。一个朋友曾经和他提过在密谋起义败露后，有一封告密书曾提过教皇克里门特八世支持密谋起义。当然，这件事情在后来的审讯中被证实很可能是有人诬陷的，是完全荒谬的，但是西班牙总督从此便对教皇有了戒心，对其一举一动都抱有怀疑的态度。康帕内拉认为，西班牙总督和罗马教皇之间本身就有矛盾，为了巩固和扩大自己的势力一直都在明争暗斗，或许可以利用教皇对自己的这个判决来进一步加深他们之间的猜疑和矛盾，这样便可以鹬蚌相争而渔翁得利了。

教皇的判处声称要将康帕内拉终身囚禁在罗马宗教裁判所的监狱，况且宣判书也明确表明密谋起义一事由世俗法庭继续审讯，那么为什么审讯完后又一定要让犯人去罗马监禁呢？或许可以让西班牙的总督认为，教皇的这一判罚实际上是为了救康帕内拉而想出的计谋，所以宗教裁判所才突然迅速地结案。康帕内拉知道，一旦西班牙当局起了疑心，便肯定不会同意把自己从那不勒斯押往罗马；而只要自己留在那不勒斯的努奥沃城堡监狱，便可以利用这里较为宽松的条件为自己争取更多的生存机会。

于是康帕内拉决定使用一切办法来加深西班牙当局和罗马教廷的相互猜疑。有一天，在专门检查探视者给囚犯带来的物品的监狱警卫室旁边，来了一个普普通通的女人。这个女人请求把一小包食物转交给自己的同乡康帕内拉修士。因为要检查的物品比较多，狱吏便让她在一旁等一会儿接受检查。可是这个女人神情慌慌张张，借口有急事便丢下包裹急忙离开。这一举动引起了狱吏的怀疑，因此在检查包裹的时候就特别仔细。包裹里有几袋饼干、一块奶酪和一瓶蜂蜜，而狱吏正是在这罐蜂蜜的盛器底下发现夹着一张字条。字条说罗马教皇十分惦记卡拉布里亚密谋起义者的处境，并且一再表示要尽一切努力将康帕内拉从西班牙人的手里夺回来，设法将他转押到罗马，然后在罗马把他释放。狱吏立即把这张重要的字条呈交给了总督，总督看了以后非常恼火，原来是为了这个原因宗教裁判所的法官们才那么匆忙地结案。总督决定，无论如何都要把康帕内拉扣住，继续囚禁在那不勒斯的监狱里。

康帕内拉此时也听说狱吏在从给他的物品当中发现一张字条并且已经报告给了总督。但是他并不为这个消息感到一丝丝的担忧，反而心里很高兴，因为他的努力没有白费，没有白白浪费脑力去构思如何写纸条的内容，如何委托朋友把纸条藏在蜂蜜罐底部好让狱吏容易发现它。一切事情都在按照康帕内拉的计划顺利地发展着。

总督知道，就此事对康帕内拉审讯一定也是无济于事，因为即使在最残酷的刑罚面前他都依然是一派胡言。如今，总督越来越相信纸条内容的真实性了，因为秘密监视康帕内拉的狱吏总是向他汇报，康帕内拉一直喊着希望教皇快点来救他，说自己离重返自由的日子已经不远了。总督相信，康帕内拉现在就等着被押往罗马，然后就会被释放。因此总督决定，放弃迅速结束审讯工作的计划，只要审讯不结束，西班牙当局就有权把康帕内拉囚禁在那不勒斯的监狱里。

春天，康帕内拉得到消息，季奥尼斯和彼得·庞斯已经安全抵达君士坦丁堡，住在奇卡拉那里。他现在终于松口气了，这几个月来他一直担心朋友的安全。朋友们还捎信告诉康帕内拉：他们正在计划救他，奇卡拉也答应给予必要的帮助。康帕内拉在等待的同时，也没有放弃写作，这也是他目前唯一能做的事情了。在艰苦的环境下，康帕内拉写成了《形而上学》，现在他正在写《天文学》。四周高墙可以囚禁住康帕内拉的自由，却关不住他思维的翱翔。

1603 年的夏天，季奥尼斯和彼得·庞斯在安全抵达土耳其后，便经常催促奇卡拉抓紧时间去营救康帕内拉，而季奥尼斯也受不了整日的等待，时刻惦记还在狱中的康帕内拉，于是每天都出去打听康帕内拉的情况，甚至还在寻找帮手，和他们商量如何去袭击监狱，帮助康帕内拉越狱。季奥尼斯的急性子又一次让事情变得越来越糟糕，在他寻找的帮手里面就有西班牙人的密探，虽然季奥尼斯把自己的身份掩饰得很好，但是准备袭击监狱的消息还是很快传到了总督的耳朵里。

于是总督下令将康帕内拉转移出原来的监狱。康帕内拉被关在一个只有一个小窗的单人牢房里，监狱禁止任何人与他见面，甚至他和别人说话也不可以。康帕内拉受到了严密的监视。这个牢房的窗户很高，跳起来伸手都摸不到，康帕内拉曾试着敲墙希望隔壁有人能回应他，但是却没有任何人回应他，康帕内拉和狱友恢复联系的种种希望都落空了。

虽然事发突然让康帕内拉无法继续写作，但是他一点时间也不想浪费，每天都在打着文章的腹稿，以待可以写作的时候一鼓作气将文章写完。

后来，奇卡拉由于宫廷排挤被调任远方，营救康帕内拉的计划也被彻底搁置了，而更令康帕内拉感到悲痛的是季奥尼斯由于看不惯土耳其近卫军的横行霸道，拔刀相助被欺凌者而最终被打死的消息。

1604 年，总督将康帕内拉转移到圣地艾尔摩城堡。这里的条件比努奥沃城堡差了百倍，简直就是一个臭水坑。这里不仅没有光线，每逢下大雨，雨水还会倒灌进来，康帕内拉成天戴着脚镣和手铐，忍受着吃不饱睡不好的折磨。康帕内拉在这里已经不再装疯了，因为宗教裁判所的宣判已经表明不相信他是一个疯子了；西班牙人这边之所以没有结案，是因为自己的计划起了作用，总督现在相信如果判处康帕内拉死刑，教皇的使节必然会站出来反对死刑（当时的法律有规定，教皇的使节在必要的时候可以阻止世俗法庭判处修士死刑），而按其他的任何刑罚，康帕内拉最终都要被押往罗马，这是总督不愿看到的情况。总督派了很多精心挑选的西班牙士兵日夜看守康帕内拉，任何人都没有权利来看他，即使是医生也要经过总督的同意才可以进入地牢。

康帕内拉几乎和整个世界隔绝了，狱吏对他的任何问话都不理不睬。康帕内拉整天待在黑暗之中，只有在傍晚才能点三小时的油灯。现在，他连一小片纸也没有，可以点油灯的那几个小时也只能白白流逝，康帕内拉还经常为此而难过不已。但是，虽然狱吏可以暂时剥夺他写作的权利，谁又能不让他进行思考呢？康帕内拉没有纸和笔，就在脑子里一篇又一篇地写着自己的文章，把主要的段落背得滚瓜烂熟，想待以后有机会再记录下来。

人们对康帕内拉丰富的著述和渊博的学识感到十分惊讶，但是谁又能想到康帕内拉为此付出了什么样的精力呢？他不仅被剥夺了书籍、笔和纸张，就是一口新鲜的空气、一缕温暖的阳光、一块可口的面包对他来说都是遥不可及的奢求。然而正是在这样的艰苦环境下，他却凭借非凡的记忆力和超人的毅力，为了自己的理想，抓紧一切时间工作着。也许，他在经历了好几次生死考验后仍然可以活下来的原因，正是他经常不断地进行紧张的脑力劳动吧，否则一个人长年被关在单人监狱里，即使不会死去，也会变得愚钝痴呆。

在这个地牢里，康帕内拉经常想到希腊神话中的一个巨人——普罗米修斯，他曾从神那里盗走火，传于人世，结果受到宙斯的惩罚，被锁在高加索的悬崖上，让鹰啄食他的内脏。康帕内拉为了给人类带来光明，被锁在黑暗的地牢里。他在一首诗中，把自己比作普罗米修斯，把监禁自己的地牢称为"高加索"，他表示要像普罗米修斯那样，把一切丑恶的东西放在从太阳那里偷来的烈火中烧光。

秋天的雨季到来时，康帕内拉就更加痛苦了。雨水不仅顺着墙壁往下流，屋顶上还不停地有雨水滴下来。他身上破烂的衣服和身下发霉的草垫子也潮湿不堪。虽然不像普罗米修斯那样被秃鹰啄食内脏，可是刺骨的寒冷却也使他浑身疼痛。但是，这一切都不能阻止他积极地思考，一想到这点，康帕内拉的心中就充满了自豪。

虽然有士兵昼夜不分地守着康帕内拉，但也是没有用的。康帕内拉天生就是极具吸引力和巨大影响力的人，即使当局一再下令要严加看管康帕内拉，他还是可以在这些西班牙士兵中与一些人拉近关系，逐渐地，他牢房里的油灯被允许多点几小时了，后来，受总督委托前来安慰康帕内拉心灵的神父也成了他忠实可靠的帮手，最后他又获得了笔和纸，又可以秘密地写东西了。从此，康帕内拉不再觉得孤单，一旦可以写作的时候，他就觉得时间过得特别地快。

康帕内拉并不害怕死亡，但是一想到死后便无法为建立自己心中的理想国做更多的事情，便心有不甘，一种求生的欲望使他顽强地面对这些苦难。他得知当局出现了财政危机，监狱的狱吏已经很久没有领到薪水了。于是康帕内拉坚决要求见总督，声称自己知道如何解决西班牙政府面临的各种困难，自己有办法让国库的收入增加，并且专门写了《论国王的管理工作》，但是总督一直保持沉默，不给康帕内拉见面的机会。总督的冷淡态度并没有让康帕内拉放弃希望。他想让西班牙人知道自己所掌握的知识是他们所需要的，是可以帮助他们走出困境的，让这么一个人一直关在监狱里是他们的损失。为此，他写了许多文章就国家面临的问题表明自己的观点并提出有意义的建议，但是一切努力都没有收到任何成效。康帕内拉依旧被关在地牢里，没有任何人问津。

康帕内拉无论如何都要摆脱这个地牢。他一边指望西班牙人，一边指望着教皇。1605 年，他说有"重要的问题"要和教皇说，获得了会见教皇使节的机会。他自称是上帝事业的卫兵，很多征兆表明世界末日就要到了，但他知道如何化解，因为自己长期的虔诚，上帝愿意把恩赐给予他。可是，康帕内拉的计划又落空了，教皇使节根本不相信他，斥责他狂妄，并且认为康帕内拉的所有行为只不过是企图摆脱惩罚，逃避死亡的诡计。康帕内拉又被押回了地牢。

但是，正在这困难万分的时刻，事情迎来了转机。原来的总督在朝廷的争权夺势中败下阵来，被免了职，新的公爵被任命为总督。据说新的总督是个性情古怪的人，和社会上层人士走得很近，其中也不乏有名的学者，并且他曾经明确表示："不会按照以往总督的行事方式去处理事情。"康帕内拉想，新总督刚刚上任，一定对很多情况还不是很了解，或许可以利用这一点，让他做出对自己有利的决定。

于是康帕内拉写了一封长信给总督，除了介绍自己的情况外，还附带了一篇文章——《论增加收入的建议》，并建议总督去寻找《西班牙君主国》一书，同时还说这些文章和书在被捕前就已经写好了，却得不到以往总督们的欣赏，他称自己一直是个全心全意效忠西班牙王国的修士，只是由于仇人的诬陷，竟然被长期关在潮湿黑暗的监狱里，并且差点丢了性命。

总督看完了这封长信，觉得康帕内拉的确是个人才，他的文章见解独到，文章里提出的几点建议似乎也是有一定道理的。后来总督也看到了《西班牙君主国》这本书，更加觉得康帕内拉可能会对自己的统治有利，因此决定要见一见康帕内拉。这时候正值 8 月中旬，在接到总督要亲自接见康帕内拉的指令后，监狱长竟然亲自来到他的牢房。他怕总督闻见康帕内拉身上的臭味，命令狱吏给康帕内拉好好地洗一洗，还给他换上了新的衣服，最后还在他的身上喷了点香水，才把他带去与总督会面。

康帕内拉见到总督后，那出众的口才和严谨的思维逻辑便开始发挥作用了。他跟总督说，自己真的不是什么犯人，而是一心想为西班牙王国做出贡献的，是那些一心想破坏君主制的敌人想出阴谋诡计陷害了他；他学过很多科学，其中很多知识是可以让西班牙王国变得更加强大的；他不仅熟知历史，还可以占卜未来。总之他知道如何增加国库收入，更知道如何治理国家。

康帕内拉热情洋溢地进行着自己的演说，从政治、经济、文化多个方面阐述自己对如何更好地治理国家的看法。总督被康帕内拉丰富的知识所震惊，他真的不敢相信这样一个人才竟然长期被关在监狱里。康帕内拉见总督已经相信了他的演说，便请求总督释放自己。总督表示，他现在还没有弄清这个复杂的案件，但是将来他一定会把它弄清楚，现在他能答应康帕内拉的就是把他从现在的监狱调回到努奥沃城堡监狱，而且不准监狱把康帕内拉整日关在牢房中，他享有在城堡中随意活动的特殊权利。

　　虽然没有被释放，康帕内拉还是相当满意目前所取得的进展。努奥沃城堡监狱的条件好很多，回到这里让长期蹲监狱的康帕内拉竟然有种回到家乡的感觉。现在他可以在院子里随意散步，沐浴着温暖的阳光，还可以和人们来往、写信，这些让他觉得自己已经获得了自由。但是康帕内拉知道，这些都不会太长久，一旦总督知道了有关他的案情，一切都将化为乌有，所以他一方面一直要求总督尽早释放他，另一方面抓紧利用现在较为宽松的环境恢复和朋友们的联系。可是，释放自己的请求被总督拒绝了。

　　康帕内拉担心的事情最终还是发生了。有消息说，一个神职人员从罗马来到那不勒斯，要求会见总督。第二天总督便一脸怒气地来到监狱里。当总督见到康帕内拉的时候，他的态度已经完全转变了。他告诉康帕内拉不要再说什么花言巧语了，他已经完全看过了有关密谋起义和异教思想的案卷。现在他对案情已经完全清楚了，虽然没有更有力的证据证明康帕内拉就是犯人，但康帕内拉也不要企图用什么诡计来骗取自由了。总督还对康帕内拉说："有一点我感到十分遗憾，那就是你是一个修士，否则我会立刻把你投入火场，让你接受火刑的洗礼。"

　　总督走后，康帕内拉短暂的幸福生活也结束了，他又被带进黑暗潮湿的牢房，见一见阳光又变成一件奢侈的事情了。康帕内拉没有泄气，他相信一定会有机会让自己重见光明。

康帕内拉始终被囚禁在单人牢房里，监狱不断接到指令，不允许放松对康帕内拉的管制。但是时间一久，康帕内拉总是可以使看管他的某些狱吏对自己有好感，从而稍微放宽对他的监管，甚至监狱长本人慢慢地也开始允许人们前来探望康帕内拉。康帕内拉的声誉早就传遍了欧洲各国，来那不勒斯的外国人当中，有很多人都希望能见一见康帕内拉。这些人前来会见的目的各有不同，有的人只是因为好奇，有的人则是想做康帕内拉的学生，有的人则是相信他与魔鬼有交易，前来请教如何走捷径升官发财……康帕内拉不是每个人都想见，他特别希望前来会见自己的是个热爱科学的有学识的人。每当碰到这样的人的时候，他都会热心地询问最近出版了什么新书，科学有没有什么新的发展。听着别人的介绍，康帕内拉一方面为科学所取得的空前成就感到无比高兴，一方面又为自己无法走出这里而感到痛心。有人告诉他，现在天文学家和数学家的研究工作已经逐渐全面地证实了哥白尼的理论是正确的。后来，还有人告诉他，据说有位叫伽利略的科学家在比萨斜塔上做了"两个球同时落地"的著名试验，由此发现了"自由落体定律"，推翻了此前亚里士多德认为的重的物体会先到达地面，落体的速度同它的质量成正比的观点；伽利略还设计了一架精密的望远镜，而且正是利用这架望远镜观察星辰，有了伟大的发现，进而证明了哥白尼的理论。人们认为伽利略的发现的意义绝不亚于美洲大陆被发现的意义，并且争相传颂："哥伦布发现了新大陆，伽利略发现了新宇宙。"

康帕内拉抑制不住自己激动的心情，科学有那么惊人的进步又怎能不让人激动呢？可是，他也为自己无法获得自由去参加捍卫科学真理的斗争感到无比懊恼。

时间长了，有人告诉罗马教皇的使节，康帕内拉虽然在监狱中，却总是被允许见许多人，甚至还能写作。罗马教皇的使节便借口西班牙当局没有办法保证对康帕内拉实施最严厉的隔离，因而坚决要求总督尽快下令结束密谋起义一案，然后把囚犯转移到罗马的监狱。总督认为，这只是罗马方面想从西班牙人手中救走康帕内拉的计谋，为了避免和教皇的使节过多纠缠，便把康帕内拉转移至更为可靠的牢房。

换了新的环境，对康帕内拉的监管又重新严格了起来，他又是一连几个月都见不到一个人，也没有人告诉他外面发生了哪些事情。他多么想走出去，参加到打击神学的斗争之中啊！于是，如何尽快获得自由，成了让康帕内拉最为头疼的事情。

1623 年 8 月，康帕内拉终于又等到了机会。当时，乌尔班八世继承了教皇的职位。乌尔班八世和西班牙当局之间素来就有积怨，因为他想扶植自己的侄子坐上那不勒斯王国的王位，但是西班牙国王却控制着包括该国在内的大部分意大利的土地，这无疑是他计划中的巨大障碍，因此乌尔班八世对西班牙国王一直怀有敌意。况且，如今关于世俗法庭是否有权力审判犯了罪的神职人员的争论使得两者之间的关系更加紧张。聪明的康帕内拉决定继续利用他们之间的矛盾。

现在，康帕内拉的处境十分微妙，如果他支持西班牙人，就必然会遭到乌尔班的忌恨；如果他表现出对教皇的政策的赞许，又一定会得罪西班牙当局。但是此时传来一个好消息，由于国库亏空，监狱很久都没有发放薪水，狱吏们对此苦不堪言，于是有人利用这一点，用重金买通了狱吏，让他一把火烧了存放犯人档案的地方。现在有关康帕内拉的所有资料都已经无影无踪了，而且前任总督感染重病，新的总督也是刚刚上任，康帕内拉或许可以再次利用总督对案件不熟悉这一点。

鉴于以上情况，康帕内拉决定从两个方面进行自己的计划。一方面他向西班牙国王一封接着一封地写申冤书。卡拉布里亚的乡民们也向总督呈交了请愿书，希望当局能够释放这个惨遭诬陷的受害者。另一方面，康帕内拉也写信给新教皇，控告西班牙当局对自己的迫害。在这种情况下，西班牙当局决定释放康帕内拉是完全有可能的，因为毕竟他蹲了那么多年的牢房，起义事件又过去了那么久，无论是教廷还是西班牙当局，新上任的教皇和总督对康帕内拉的案情都不可能有很详细的了解，更关键的是有关案情的卷宗也化为乌有了。但是康帕内拉由于异教活动被判处终身监禁，作为宗教裁判所的犯人关在那不勒斯的监狱，即使西班牙当局把他释放了，教皇依然会下令逮捕他。

尽管情况复杂，获得自由的道路依然漫长，但是康帕内拉坚信自己是最后的胜利者。

康帕内拉的许多朋友都在帮助他。他们到处散发康帕内拉用来表明自己忠心于西班牙当局的书籍——《西班牙君主国》。在国王那里，接踵而至的申冤书让国王感到莫名其妙，那不勒斯方面怎么把事情弄得那么复杂："为什么大家都说一个效忠西班牙的天才修士因为被诬陷而被长期关在监狱?"这件事把国王弄得不得安宁，天天要看那么多的信件，还都说同样的事情。于是，国王给那不勒斯总督写了一封专函，要求重新审理康帕内拉的案件。

可是总督却迟迟没有行动，总督一直抱怨，案卷都没有了，重新审讯又从哪里着手呢? 康帕内拉就一直写信给总督，请求他委派法官按照国王的指示重新审理他的案件。康帕内拉的坚持最终有了成效，随着总督和教皇之间的矛盾越来越深，两者之间的关系已经破裂了。总督下定决心要给教会一点颜色看看，让他们知道自己有权力去做任何事情，自己一定要让那些高傲的神父们感到无比沮丧。

慢慢地，总督开始相信康帕内拉是热爱西班牙王国的了，这其中，《西班牙君主国》起到的作用不可估量。由于案卷已经消失，很多重要的证人也已经不在人世，不可能重新审理案件了，而既然康帕内拉是个热爱西班牙的人，又被囚禁了那么长时间，总督决定释放康帕内拉。尽管身边的人提醒总督不应该在没有教会的人参加的情况下独自处理这个案件，但是总督一点也不理会，说："我才不会和教会的人商量！"

1626 年 5 月 23 日的下午，监狱宣布了总督下达的释放康帕内拉的命令。这正是康帕内拉久久盼望的时刻，在经历了 26 年漫长的牢狱生活后，康帕内拉终于获得了久违的自由。26 年前，当他踏进监狱大门的时候，还是一个年轻力壮的小伙子，而在经历了各种惨无人道的非人折磨后，因为长时间见不到阳光，缺乏营养，现在的康帕内拉已经变成了一个病态尽显、老态龙钟的老人了。但是监狱极为残酷的条件一点也没有摧毁他的意志，反而让他在争取生存的斗争中变得更加睿智和老练。此刻，康帕内拉的眼睛中依然放射出激昂的火光，仍然可以看出他年轻时候高昂的斗志。

监狱的大门终于为康帕内拉打开了，他现在自由了。康帕内拉早就知道，当宗教裁判所的人知道他被释放后一定不会那么轻易地放过他，所以他本想总督一下令释放他就立即悄悄地离开那不勒斯，但是现在，释放的附加条件却使康帕内拉无法彻底离开。总督下令康帕内拉出狱后必须待在圣多米尼克·马绍尔修道院中，并且根据当局的需要随时回到努奥沃城堡来。除此之外，总督还让康帕内拉的亲人作保。作保的是康帕内拉的侄子和一个亲戚，这样康帕内拉就无法从那不勒斯逃走了，如果他逃了，亲人就会受到牵连。

康帕内拉被总督释放的消息很快就传到了罗马教皇那里。教皇简直不敢相信自己的耳朵，非常愤怒。西班牙当局竟然敢擅自放走这样一个有严重异教思想的重犯，这是明目张胆有意对教廷的冒犯，而这样的异教徒获得自由的后果是无法想象的。他们决定尽快抓捕康帕内拉。

6月22日，康帕内拉在被释放还不到一个月后又被抓捕。他被秘密关押在教皇使节的监狱。这里不用听总督的任何命令，监狱属于教会，只有教皇的命令在这里才是有效的。7月5日夜里，他们给康帕内拉换上衣服，戴上脚镣，把他押到码头，准备乘船将他秘密押回到罗马。整个押解工作都是在极端保密的情况下进行的，无论是船长还是押解队的队长，都不知道这次押解的犯人是谁。经过两天两夜的航行，康帕内拉又回到了曾经待过的罗马圣天使堡。著名的科学家乔尔丹诺·布鲁诺就曾经在那里受尽折磨，最后被押到了火刑场，而康帕内拉也在这里度过了一段很不愉快的岁月。

西班牙的总督没有征得教皇的同意，违背教廷的处罚私自释放康帕内拉的行为已经使得两方势不两立。现在，凡是有关西班牙总督的事情，在教皇看来都是那么不顺眼。康帕内拉之所以被总督释放，是因为他用自己的学识和《西班牙君主国》使总督相信了自己是站在西班牙这边的；如果现在自己能证明是站在教皇这边的人，会不会还有意想不到的结果呢？康帕内拉在监狱里努力地回忆着有关现任教皇的一切，心中盘算着如何实施自己的新计划，以取得教皇的好感和信任。

康帕内拉决定首先要做的是走近教皇。乌尔班八世是个自负的人，有些才能，平时特别喜欢写诗，更喜欢别人评价他的诗，当然只有称赞他的诗歌的话他才乐意去听，对于别人批评的意见他从来都不屑一顾。他一直认为自己是个非常卓越的诗人，甚至命令人把他所写的诗歌配上乐谱演唱。

于是，康帕内拉决定从诗歌入手，拉近自己和教皇之间的关系。他给教皇写了一封信，说愿意帮助教皇注释他的诗集，教皇愉快地答应了。康帕内拉用来注释的词语都是经过精挑细选的，他称乌尔班是"来自天上的诗人"，还主张各个学校都要学习他的诗。无论教皇多么不喜欢这个具有严重异教思想的修士，也经不住康帕内拉用那么多美丽的词语来赞扬他所写的诗歌。他高兴极了，后来还允许康帕内拉写东西，但是所写的东西都要经过严格的审核。

乌尔班八世还是个比较迷信的人，他对自己的健康看得特别重，认为他个人的命运对于整个天主教世界的昌盛是极为重要的，所以想要活很长很长的时间，最好能长命百岁。他自己最常说的一句话就是："一个活人比十个死人更有价值。"平时乌尔班特别注意自己的身体，稍有不舒服，他就会感到不安，然后请来很多有名的医生给自己看病。当时的局势特别紧张，乌尔班十分担心西班牙和德国会走向联盟，等西班牙人的势力扩大，便会夺取自己的政权，于是他也在暗地里和法国保持着密切的联系。

西班牙当局和教皇之间的斗争日益升级。西班牙人用大量现金买通了几个可以接近教皇的修士，企图在教皇举行教会活动的时候刺杀他。可是教皇的密探及时发现了他们的阴谋，将所有的杀手都抓了起来处以极刑。现在的乌尔班更加小心，不相信身边的任何人，甚至连一日三餐都要验好没有毒才肯去吃。一个十分熟悉乌尔班八世的人为西班牙人献计说："我们可以利用乌尔班比较迷信且十分注重自己的健康这一点，通过散布谣言摧毁他的心理，久而久之，他的健康就会垮掉。"

西班牙人决定尝试这个办法，经过他们周密的部署，罗马便突然出现了许多预言家、占星家、魔法家和自称懂得手相、面相的神秘人物。他们一致认为乌尔班八世的命数已尽，不久就会染疾暴病而死，并且编出了占星表，预言乌尔班最多只能活几个月了。"教皇快死了！"罗马大街小巷、每家每户都在谈论这个事情，街头巷尾还出现了不知哪个印刷厂印出的小册子，上面都是关于乌尔班快要死去的言论。乌尔班下令逮捕制造谣言的人，但现在满城的人都在谈论有关教皇就要死去的事情。这些谣言对迷信的教皇产生了很大的影响，弄得他整日惶惶不安，他认为即使制造谣言的人都被他投入了监狱，自己的命运也不一定会改变。

关于这些事情，监狱的狱吏们也经常在一起谈论，甚至连狱中的康帕内拉也有所耳闻。他觉得现在可以找到一个比写那些恭维的注释更有效的办法，乌尔班对于那些谣言的恐惧心理正好就是他的可乘之机。

康帕内拉早在和阿弗拉阿姆认识的时候，就跟着他学习了很多占星术的知识，现在正是可以利用它们的时候。于是康帕内拉开始向外散布，自己是个精通占星术的大师，可以预知未来，改变人的命运。不久，想通过帮助教皇排忧解难并借此升官发财的人以及教皇身边的人都陆续找到康帕内拉，希望从他那里得到解决问题的方法。当康帕内拉向他们问完具体情况后，并没有立即告诉他们怎么做，只是说需要仔细地研究一下，但是同时也向他们肯定地说自己知道如何化解危机，即使星辰预示命运是不可避免的也没有关系。

康帕内拉知道自己可以轻而易举地编制出许多占星理由来推翻那些预示乌尔班即将死亡的占星表，也可以轻易地证明教皇并不会那么快地死去，如果真的这样的话，教皇一定会彻底改变对他的态度。但是康帕内拉也十分明白，如果让教皇很快相信那些预示他死亡的征兆都是假的而精神恢复平静，对康帕内拉是没有什么好处的，因为教皇知道自己没有危险以后，就不会再需要康帕内拉了；而如果教皇一直相信那些谣言对自己的健康和家族命运会造成致命的影响，同时认为只有康帕内拉能够帮助他摆脱宿命的威胁，那又是另一回事了。于是他写了一篇文章，起名为《怎么避免星辰所预示的命运》，然后呈交给了教皇。

而此刻，教皇的敌人又散布了一条谣言，说通过占星表推算，教皇乌尔班八世将于1628年9月的某一天死去。这使得教皇整日心神不宁、惶恐不安，每当他感到身体不适，即使只是轻微的感冒或者吃坏了肚子，他都觉得是死亡的开端，自己已经病入膏肓了，一定会在 9 月的某一天死去。他甚至连最有名气的医生的话也听不进去了，谣言已经牢牢控制住了教皇的思想。

当教皇看见康帕内拉写的《怎样避免星辰所预示的命运》那篇文章的时候，就好像看见了自己的救星。他十分高兴，因为康帕内拉在文章中着重说明的就是他知道如何帮助别人摆脱命运，避免星辰所预示的灾难。教皇决定立即把康帕内拉带来见他。尽管康帕内拉是个异教徒，可是教皇已经没有心思管那么多了，在他看来现在最重要的事情就是保住自己的性命，不管能够解救他的人是不是什么异教徒。

康帕内拉早就在等教皇的召见了。现在一切都要取决于康帕内拉能不能有效地利用教皇畏惧死亡和谣言的心情，让教皇知道只有相信自己才能帮助他摆脱灾难，挽救性命。

康帕内拉把自己喜悦的心情掩饰得很好，教皇丝毫没有发觉康帕内拉的动机。康帕内拉初次和教皇见面的时候，几乎没有否认那些冒充占星家、预言家的教皇的敌人们所散布的谣言，反而补充了一点自己的看法，论证了这些谣言的真实性和可能性。当乌尔班教皇觉得自己已经没有希望的时候，康帕内拉才告诉他：“星辰的排列和位置对您虽然极其不利，但也并不是完全没有希望摆脱命运，因为我知道一种占星治疗法，可以使星辰的不祥预兆转变。所以教皇还是有希望保住自己性命的。"

教皇表示，只要康帕内拉愿意帮助他渡过难关，他愿意接受一切要求。康帕内拉没有一下子说出自己的最终目的，只是告诉教皇，如果自己总是处于禁闭状态，就不能使星辰治疗法发挥出它最大的功效。教皇听后，甚至都没有考虑就下令打开康帕内拉的牢房，允许康帕内拉在监狱的各个地方自由活动。康帕内拉借口时机未到，迟迟没有对教皇说出如何摆脱灾难。

随着 9 月的临近，教皇的精神每况愈下，对自己的身体状况越来越没有信心，于是恳求康帕内拉抓紧时间告诉他怎样才能够逃避死亡。康帕内拉给教皇做了一些所谓的星辰治疗法，但是却跟教皇说，他现在无法使用最关键的方法，因为关键方法的使用和效果取决于占星师的心情是否愉悦，康帕内拉表示自己整日待在监狱，心情很难总是保持愉快的状态。教皇终于忍不住了，于 1628 年 7 月 27 日命令取消对康帕内拉的监禁，将康帕内拉释放出狱。这时候，康帕内拉才向教皇信誓旦旦地保证说，他一定不会在 9 月死去。当然，所谓的关键方法也是不存在的，那只是康帕内拉以含糊不清而又高深莫测的词语编出来用以获取自由的方法。

在教皇的要求下，康帕内拉经常出入教廷，装模作样地为教皇进行那根本不存在的星辰治疗。他让教皇在卧室四周挂上白色的绸缎，在卧室中央摆放着两支巨大的蜡烛和五支小蜡烛，分别代表月亮、太阳和星辰，墙壁上则挂满了黄道十二宫和星辰的图表。教皇按照康帕内拉的指示，做出各种各样的动作：一会儿面向太阳进行祷告，一会儿向蜡烛下跪，一会儿大声地唱歌，一会儿嘴里念念叨叨默诵康帕内拉教他的咒语。康帕内拉甚至还让教皇脱光衣服，在他的身上涂满泥浆，并声称这对治疗心情不佳、郁郁寡欢具有奇效。

盯着眼前被自己任意捉弄的教皇，康帕内拉不禁满怀欣喜，他和许多追求真理的人一直被教会迫害，现在总算是为大家出了口气。

康帕内拉自创的星辰治疗法持续了很长时间，在他觉得教皇已经被捉弄得差不多的时候，便宣布仪式结束了。他对教皇说现在已经没有生命危险了，但还是需要倍加小心，需要自己守护如今转变而来的命运，以防重蹈覆辙。康帕内拉提出的守住成果的方法之一就是要经常和没有受到星辰不祥预兆威胁的人联系，而在这种人当中他首先就提到了自己。

正如康帕内拉向乌尔班教皇保证的那样，过了9月，教皇一直安然无恙，并没有像谣言所传染疾而死。这让乌尔班深信，是精通占星术的康帕内拉对他所用的占星治疗法起了作用，才避免了注定的死亡。教皇公开表示非常欣赏这个拯救了自己性命的老年人。从此，康帕内拉身价倍增，从一个囚犯摇身变为教皇身边的大红人，教皇还发给他许多养老金和其他的赏赐。

在取得了教皇的信任后，康帕内拉便开始利用教皇和自己的关系，努力促使宗教裁判所把从他那里查收的著作还给他。康帕内拉申辩说，著作中的批判都是正确的，想再一次申请对他的著作进行审查，并相信这一次的审查一定会顺利通过。碍于教皇和康帕内拉的关系，他们不得不把以往没收的许多手稿和著作还给了康帕内拉。在重新进行的审查中，由于康帕内拉和教皇的特殊关系，很多负责审查书籍的人都放弃了自己原先的意见，一个曾经在康帕内拉的著作中找出整整80条违反教义的论点的人，现在却完全改变了自己的观点，写出许多恭维的话，称赞康帕内拉的学识，并称康帕内拉是"最贤明的哲学家"。

康帕内拉与教皇的亲密关系虽然帮他走出了困境，但是也招致了宫廷中许多曾被教皇宠信而如今备受冷落的人的忌恨。其中，乌尔班的侄子巴尔贝利尼最为阴险狡诈。人们在评论这个人的时候都说，巴尔贝利尼只会允许自己的叔叔喜欢他一个人，其他人不管是谁要是得到了他叔叔的一点点赏识，他就会担心这个人会阻碍他升官发财的道路，便会想出很多阴险的诡计去陷害这个人。他知道教皇命令康帕内拉不准和任何人交谈占星术，不许把《怎么避免星辰所预示的命运》一文拿给任何人看，于是决定利用这一点给康帕内拉制造麻烦。有一天，有人告诉乌尔班，康帕内拉违反了指示，向别人泄露了应该严格遵守的秘密。教皇起先不愿意相信，但是阴险的小人拿出了在罗马一家印刷所秘密印刷的《怎么避免星辰所预示的命运》。教皇十分生气，尽管康帕内拉解释一定是有人偷偷拿走了手稿秘密复印的，但是教皇却不愿意相信他，并立即打消了让康帕内拉当宗教裁判所顾问的想法。

后来，教皇的政敌又制造了一些谣言。起先教皇还请求康帕内拉帮助他。但是由于新谣言一个一个都没有应验，再加之忌恨康帕内拉的人不断在教皇面前诋毁康帕内拉，说他贪图名利，是谣言的散布者，目的就是自己当教皇。之后，他们又搬出了一个名叫殷诺秦佐的法兰西斯派修士，吹捧他才是真正的预知未来的天才，而康帕内拉只是一个"与魔鬼有勾结"的人。

久而久之，康帕内拉明显感觉到教皇对他的态度越来越差了。其实康帕内拉早就预料到会有这样一天，只是时间的早晚而已。不过这对他来说已经无关紧要了，因为他并不关心什么名利，重要的是现在他已经获得了自由，他的计划已经完全实现了。

后来，教皇和康帕内拉完全决裂了。康帕内拉已经不被允许走近教皇一步，并且敌人还在继续诋毁他，但是他对此已经不再理会，因为现在的康帕内拉已经把心思放在另一件事情上了。

卡拉布里亚起义的失败让康帕内拉一直耿耿于怀，他在监狱度过的这二十几年当中，对于自由的渴望，对于想把祖国从外国人的压迫下解救出来的愿望，一直是他在困境中求生的动力。如今，康帕内拉又和以前的一些忠实的朋友取得了联系，另外还有年轻有为的少年慕名前来拜师。他们经常在一起谈论起义，大家都认为起义势在必行。

康帕内拉十分高兴，因为以前没有完成的解放祖国的梦想，如今又有那么多的爱国人士愿意帮助他再次去实现。康帕内拉认为，上一次卡拉布里亚起义没有成功是因为总督事先获知了起义的计划，这次一定要实行突然袭击，但是必须吸取上一次起义失败的教训，任何事情都要小心谨慎，不能贸然行动，应该拟定一个详细妥善的计划。

一个想拜康帕内拉为师的年轻小伙子——托马斯·彼尼雅捷认为，起义首先就是要刺杀总督及其心腹，如果西班牙人的头子们都被杀死，再与没有头领的西班牙人斗争就会容易很多。这个说起来简单的计划得到了许多人的赞同，但是康帕内拉警告说，不应该一心只想着如何刺杀总督，因为这不是一件容易的事情，稍有不慎就会被抓起来，不但会断送自己的生命，还会打草惊蛇使得整个起义被扼杀在摇篮之中。康帕内拉认为要对付狡猾凶残的西班牙人并不容易，必须借助法国的帮助才可以反抗西班牙人。

其实，康帕内拉和法国大使已经建立了密切的联系，时常进行很长时间的交谈。康帕内拉在大使馆里遇到的人都对他的著作和思想有着浓厚的兴趣。慢慢地，康帕内拉便从著作谈到了依靠法国给予起义者军事援助的计划。尽管如此，彼尼雅捷还是认为等待法国的援助实在是太慢了，他现在就想冲出去与西班牙人战斗。康帕内拉叮嘱他千万不能鲁莽行事，切记无论做什么事情都要和他事先商量。

但是突然传来的一个消息却让康帕内拉陷入了不安之中。有人捎来彼尼雅捷的口信，他声称自己知道了一种毒药的秘密配方。这种毒药无色无味，蒸发后的气体甚至可以在无声无息的情况下把人杀死在睡梦之中。康帕内拉似乎预感到了情况的危急，找人连夜给彼尼雅捷捎口信，告诉他不得采取任何冒失的行动。但是已经晚了，彼尼雅捷和其他几个起义者已经被西班牙当局抓了起来。

彼尼雅捷起初表现得十分勇敢，西班牙人用任何办法也没能让他承认这次谋杀事件和康帕内拉有关。康帕内拉的朋友劝他在事情没有进一步恶化前赶紧离开这里，但康帕内拉断然拒绝了，因为他认为如果自己这时候消失了，无疑会使被捕的彼尼雅捷和其他人的处境更加危险。因此，康帕内拉的生活依旧，只要身体允许，便会参加一些学术讨论会，谈论哲学问题。随着谋杀事件调查的不断深入，越来越多的人被抓了起来，朋友们认为事情已经到了十分关键的时刻，如果审讯材料最终表明康帕内拉参与了密谋起义的活动，西班牙人会立刻要求教皇抓捕康帕内拉，到时候再想逃走就不是那么容易了。可是无论朋友们如何劝告，逃跑的计划依旧被康帕内拉回绝了。康帕内拉在任何人面前都没有流露出一点不安的情绪，他像往常一样做着自己的事情。

随着时间的推移，对彼尼雅捷案子的审讯接近了尾声，虽然现有的证据表明他还有更多的事情没有招供，但是总督对这个想刺杀自己的人已经深恶痛绝，于是很快就宣布了判决：在闹市的广场上将其斩首，并且在处决前进行最严酷的刑讯。

或许是死刑击垮了彼尼雅捷的意志，这最后一次的审讯，让他招出了和康帕内拉共同拟定密谋起义的计划。他供述，康帕内拉一直对西班牙人怀恨在心，想赶走他们，他一直想着如何解放祖国，并且还和法国大使进行过谈判。审讯员一字不差地记录下了彼尼雅捷的所有供词。回到监狱后，彼尼雅捷意识到自己做了多么不堪的事情，这样会害死自己的老师，于是鼓起勇气否认自己的口供。按照当时的法律，如果罪犯否认口供，应该在 24 小时后再度进行审讯以证实口供的真伪。总督可不愿意再次冒这个险，手中的口供已经足够了，没有必要再次进行审讯，于是决定立即处死彼尼雅捷。

后来，彼尼雅捷直接被勒死在关押他的牢房里。为了掩盖事实，当局散布谣言说是接受了彼尼雅捷的哀求，才将他在牢房里勒死，因为他不想被当众斩首处死，那样太丢脸了。

这个惨剧很快传到了康帕内拉的耳朵里。彼尼雅捷已经死了，或许总督很快就会凭借手里的材料正式逮捕康帕内拉。不能再等了，他觉得现在这种情况下，唯一可以帮助他的就是法国大使馆了。一个叫诺阿里的伯爵很热情地接待了他。经过和康帕内拉的长谈后，伯爵决定亲自去会见教皇，请求教皇给康帕内拉以庇护，毕竟康帕内拉知道教皇和法国人之间的一些不可告人的秘密，如果康帕内拉落到西班牙人手里，教皇的日子也一定不会好过。

诺阿里伯爵当即来到教皇的住处，教皇答应了他的要求，但是很快又改变了主意，派信差连夜赶到伯爵的住处，表示在这个时刻自己不愿意再次冒险，因为教廷和西班牙的关系才有所缓解，如果在这个时候公开选择庇护康帕内拉，自己和西班牙人的关系势必会对立，但是自己可以帮助康帕内拉逃离意大利，并提供了一条路线给康帕内拉。

不久，康帕内拉便收到了教皇签发的一张可以畅行无阻地离开意大利的护照。为了安全起见，护照上写的是一个假名：柳乔·贝拉尔迪。于是，在匆忙中，康帕内拉进行了起身前的准备工作，情形所逼，很多自己喜爱的手稿和书籍都无法带走，而诺阿里伯爵也让康帕内拉体会到了真正的友谊，他不相信仆役，不愿意让别人看到康帕内拉准备动身，什么事情都亲自关照，以使康帕内拉可以安全秘密地动身，并且写信告诉法国的朋友要热情帮助康帕内拉。深夜，康帕内拉经过乔装打扮，登上了诺阿里特意准备的法国大使专用马车，并且伯爵还吩咐了四位年轻力壮的护卫护送康帕内拉。当然，康帕内拉并没有走教皇建议的路线，他对教皇一伙人太了解了，或许现在那条路线上正埋伏着许多人，等马车一到便会一拥而上，杀死康帕内拉，再把这件事嫁祸给西班牙人。

亡命法国心却紧系祖国

1634 年 10 月 29 日，康帕内拉平安地逃离罗马，抵达法国马赛，开始了他寄居异国的晚年生活。一路上必要的开支早已用完了他随身所带的盘缠。在马赛，他既没有钱付房租，也没有钱雇马车，幸亏遇到早些时候和他通信的人们前来迎接他，才能一起向里昂出发。在前往里昂的路上，康帕内拉一直没有用自己的真名，甚至到了里昂依然用着护照上的假名——柳乔·贝拉尔迪。

虽然康帕内拉人在国外，但是心里一直惦记着由于起义而被捕的人。因为没有人比他更能深刻了解监狱里的生活，他切身地体会过，一分钱、一片面包对囚犯来说都是那么得来不易。所以，他在法国的第一件事情就是筹钱给被捕的人。他向银行主借了一笔钱，虽然自己的盘缠也已经花光了，但好在诺阿里的朋友一直热情地照顾他，所以康帕内拉一分钱都没有留给自己，全部寄给了在祖国受难的同胞。

后来，康帕内拉来到了巴黎，见到了法国国王和首相黎塞留。康帕内拉向他们提出拨款援助祖国受难者的请求。康帕内拉给法国国王和首相留下了深刻的印象，他们认为眼前这个人一生都在和西班牙统治者进行不懈的斗争，是以后可以利用的同谋者和朋友，应该支持这个在意大利有着那么多拥护者的西班牙死敌，于是决定慷慨解囊，答应康帕内拉的请求。康帕内拉依旧像往日一样，把得到的钱全部寄回了祖国，自己过着清贫的日子。

康帕内拉住在巴黎的一个修道院里，为了维持自己的生计，康帕内拉写信给教皇，要求他给自己发放自己作为教会人员的养老金，但是一直都没有得到回复。于是他告诉教皇，有很多大书商对他的著作很感兴趣，愿意出钱出版，自己又不想饿死，看来只有违反规定在法国出版自己的著作了。这个计谋收到了奇效，康帕内拉很快便收到了养老金，并被警告说，如果没有得到教皇的允许，就不能出版任何一部著作。

康帕内拉才不会理会那些警告，他表面答应，实际上一直在努力地收集整理过去写成的手稿。他的手稿分散在不同的国家的不同人手中，因此手稿的收集也花费了康帕内拉很多的精力和金钱，教皇的养老金很大一部分都用来收集手稿了。康帕内拉下决心一定要尽可能地找到这些手稿，因为当初这些手稿都是在艰苦的环境下写成的，为此康帕内拉付出了很多的精力。康帕内拉利用所有关系，尽一切可能出版自己的著作。他甚至写了一部作品——《论法国政治需要的箴言》给黎塞留首相。在这部作品中，康帕内拉提出了许多有意义的建议，比如如何轻而易举地战胜西班牙等。

康帕内拉通过首相的帮助和许多法国学者建立了非常友好的关系，在他们的大力推荐下，巴黎大学决定出版康帕内拉的许多著作。这是个巨大的胜利，让越来越多的人了解自己的思想是康帕内拉毕生的追求。教皇威胁康帕内拉，如果继续这样顽固不化，就会停止发放养老金。同时，教廷还对巴黎大学教授施加压力，让他们不要出版康帕内拉的著作。可无论是康帕内拉还是追求真理的教授们，对来自罗马的威胁和压力都是蔑视一笑，处之坦然。康帕内拉是不会为了金钱而放弃出版自己著作的机会的。

于是，康帕内拉的著作一部接着一部地出版了，教皇怒不可遏，下令取消发放给康帕内拉的养老金。没有了养老金，康帕内拉的生活越发艰难，而来自罗马的敌人也一直没有放过这个已经白发苍苍的老人。教皇向康帕内拉所住的修道院院长许诺，如果能够使康帕内拉离开巴黎，那他就有机会获得一大笔钱，可继续支持。

1639 年，康帕内拉已经 71 岁高龄。由于早年在监狱受到的长期残酷的折磨，康帕内拉的身体越来越差，慢性肾病给他带来越来越多的痛苦。修道院院长觉得，既然不能轻易把康帕内拉赶走，那么让这个老头早点归西也是不错的选择。患有这种疾病的病人原本应该得到饮食上的特殊照顾，但是由于修道院院长的命令，厨房禁止给任何人单独做食物。4月底，康帕内拉完全卧床不起，病情越来越重，除了原先身体疼痛的加剧，还持续地发高烧，任何药物都不起作用。

5 月 21 日早晨，当太阳刚刚露出笑脸，给大地带来光明的时候，终生为追求真理，为渴望阳光普照世界而奋斗的康帕内拉逝世了。

第 3 章

《太阳城》的设计者

　　康帕内拉从小就生活在社会的最底层，切身感受了因为外国侵略而给祖国带来的生灵涂炭。在进入修道院后，他游历过许多城市，目睹了私有制造成的贫富尖锐对立、贵族巧取豪夺，而穷人则食不果腹；一个纨绔子弟的身后有着成群结队的私人教师，而很多穷人的孩子上不起学，目不识丁，连自己的名字也不会写；有的人整日游手好闲却不愁吃喝，有的人则被繁重的工作累得筋疲力尽却不得温饱……这一切都在康帕内拉的心中留下了深刻的印象。康帕内拉认为，世界不应该是这个样子的。他厌恶黑暗笼罩的现实，于是用尽毕生的精力来寻求光明的明天。

黑暗中建起的"太阳城"

康帕内拉一生中的大部分时间是在监狱的黑暗中度过的，长期的监牢生活使康帕内拉对光明与自由充满了强烈的渴望与憧憬。每次当他可以看见阳光的时候，都觉得无比温暖和幸福；每次当太阳照射到他的身体的时候，他都觉得有一只温暖的手在抚摸着他。在康帕内拉的心中，太阳就是一切生命的源泉，应该受到每一个人的崇拜。因此，康帕内拉把自己心里设想的国家叫作"太阳国"，把太阳国的首都叫作"太阳城"。

残酷的社会环境直接刺激着康帕内拉对如何改变社会现状进行积极的思考。人们为什么要忍受不合理的社会制度呢？难道就没有人看见现实社会制度的不合理而想去改变它吗？可是，什么样的社会制度才是最好的呢？康帕内拉想从书中寻求答案。

他认真阅读过柏拉图的《理想国》，这对康帕内拉的政治思想的形成产生了很大的影响。

柏拉图在《理想国》中认为，一个社会是否合乎正义与公德，衡量标准之一就是看这个社会的贫富差距是否过大，他谴责私有制，认为私有制不符合人类的本质，私有制下就不可能产生好的执政者，私有制更不能促进国家的繁荣，它是一切争端和动乱的根源，甚至还会毁灭社会。柏拉图心中的理想国"并不是为了某一阶级的单独突出的幸福，而是为了全体公民的最大幸福"。柏拉图认为，理想的社会制度是要建立在等级分工的基础之上的，为此他指出人有三种本性——理性、意志和情欲。这三者又具有自己的品德——理性具有智慧，意志发展成为勇敢，情欲则应该节制。同时，这三者的层次也有所不同——理性最高，意志其次，而情欲最低。以此，一个理想的国家应该有三个等级分别体现三种天赋和职能——对应理性的是国家的统治阶级，其职能是用智慧管理国家，意志对应武士阶级，职能是保卫国家，而情欲对应的是劳动阶级，主要从事劳动生产。同时，为了永远维护奴隶主贵族的利益，柏拉图还主张实行奴隶主的"公有制"和"公妻制"。他认为通过公妻制度便可以消除私有制，从而建立起理想的奴隶制国家。

柏拉图的许多思想都引起了康帕内拉的共鸣，但仍有一些思想是康帕内拉觉得不正确的，例如，在柏拉图划分的国家公民等级里，各个等级是相互隔绝的，不是所有人都要参加劳动，奴隶的存在竟然被认为是理所当然的事情。康帕内拉认为柏拉图的理想国仍然没有达到真正的平等。

后来，康帕内拉又阅读了莫尔的《乌托邦》。这本书中的思想也给了他很多启示，《太阳城》中的很多思想都受到了《乌托邦》一书的影响。

莫尔批判了英国社会中由于圈地运动造成的贫富对立、两极分化的事实。康帕内拉十分同意莫尔的观点：一切现实不公平现象的根源都在于私有制，要改变社会现状，就必须废除私有制。他说，"我深信，如不彻底废除私有制，产品不可能公平分配，人类不可能获得幸福。私有制存在一天，人类中绝大的一部分也是最优秀的一部分将始终背上沉重而甩不掉的贫困灾难的担子"。在此基础之上，莫尔设计了自己心中的理想国家：这个国家是类似君主立宪制的政体，人民先逐层选举出官员，即飞哈拉；再由高级官员，即高级飞哈拉选举出国王，并组成高级飞哈拉会议；国家里的重要事情都要呈交到高级飞哈拉会议或者全国会议审议，而一般的事情就由国王和高级飞哈拉商议处理。整个社会实行生产资料和生活资料的公有制，公民没有固定的社会分工，但人人都必须参加劳动，任何人不得把财产据为己有，连住房也要十年调换一次。在这个社会中，每个人都热爱劳动，有着极高的生产效率，每天只要工作五六个小时就够了。另外，社会产品丰富，可以按照个人的需要进行分配。莫尔心中的理想社会是一个没有私有财产，没有剥削压迫，没有贫富差距，全社会各尽所能，过着平等而富足的生活的社会。

康帕内拉正是在这二人的思想基础之上，对两人的观点加以思索和提炼，逐渐形成了自己的政治理想蓝图，并把自己心中的理想社会取名为"太阳城"。而《太阳城》一书是康帕内拉在牢狱中极其艰苦的环境下完成的。

1601年，康帕内拉正被关在那不勒斯的努奥沃城堡监狱中。当时，康帕内拉刚刚经过三十几个小时的酷刑——"不眠"的折磨，血肉模糊，生命垂危，季阿诺拉在身旁照顾他。或许是因为那还没有展示给世人的"太阳城"，再加之季阿诺拉的精心照料，康帕内拉竟然奇迹般地从死神手里逃了回来。当他刚刚恢复一点知觉的时候，觉得自己没有死真是幸运，就暗下决心，一定要在活着的时候把《太阳城》写完。

由于酷刑的折磨，康帕内拉虽然苏醒过来，却依旧病得很严重，一直发高烧，既不能走动，也不能坐起来。他坚持着想倚靠墙壁进行写作，然而却连双腿稍微弯曲，用膝盖放写字的小木板的力气都没有。他的双手总是软弱无力，甚至连拿起一支笔都会微微颤抖。难道《太阳城》永远写不完了吗，难道太阳的光辉刺不破这黑暗的笼罩了吗？康帕内拉立即否认了自己的想法，只是现在的他需要人帮助。

康帕内拉喊来了狱吏，请求他向上级汇报，自己病情严重，生活不能自理，虽然季阿诺拉给了他很大帮助，却不能一直照料他，因此他希望能够把他的爸爸和弟弟接到牢房里，以便照顾他的生活起居。

有一天，季阿诺拉兴奋地告诉康帕内拉，监狱长已经同意了他的请求，他的爸爸和弟弟很快就可以来到牢房和他见面了。当他们一见面，便相拥在一起，康帕内拉很快就泣不成声了。他没有想到还可以活着见到自己的亲人，虽然是在阴暗的牢房中，但他仍然十分激动——爸爸和弟弟是他最信任的人，他们一定可以帮助他完成写出《太阳城》的愿望。

当时，康帕内拉的手脚都不方便，浑身仍然剧痛难忍。季阿诺拉告诉他，可以口述自己有关"太阳城"的想法，可是爸爸和弟弟却一个字都不认识，于是，他们最大的任务就是帮助康帕内拉恢复手脚的知觉，以便他可以拿起笔进行写作。他们三人每天轮流着给康帕内拉揉手搓脚，季阿诺拉每天都小心翼翼地观察着他的病情，并且经常尝试她四处打听得来的一些可以让康帕内拉快速恢复健康的锻炼方法。

在他们不懈的努力下，康帕内拉逐渐可以忍住疼痛握笔写字了。现在，弟弟每天帮助康帕内拉扶住木板以便他进行写作，父亲就站在监狱的门旁进行监视，看有没有狱吏走过来。康帕内拉虽然可以勉强进行写作，但每写出一个字母都是那么地吃力，他甚至担心，除了他以外没有人可以认清这弯弯曲曲的笔画了。

康帕内拉的病情致使写作的进程很慢，每天只能写几页，有时候疼痛难忍，一天连一页都无法完成。虽然康帕内拉有重病缠身，狱吏有时候还是会来进行搜查。每当父亲看见有狱吏来的时候，就会示意弟弟和康帕内拉赶紧停笔，把手稿藏在康帕内拉的身下。狱吏看见康帕内拉那奄奄一息的样子，也不仔细搜查便离开了。但随着写出的手稿越来越多，他们还是担心手稿的安全，觉得必须想个办法把手稿送出监狱。经过商量，他们决定在夜晚狱吏们熟睡之后，由季阿诺拉从楼上放下绳子，他们把手稿系在绳子上送出监狱。从此，康帕内拉的牢房里一张手稿都没有，他们每天都把写出的手稿集中送出监狱，善良的季阿诺拉甚至答应康帕内拉，帮助他誊写潦草的手稿。

康帕内拉是在用毅力写作，有时候剧痛袭来，康帕内拉就闭目稍作休息，额头上会渗出许多汗珠，双手抖个不停。有时候父亲都不忍看他那么痛苦的样子。父亲不能理解，勉强还活着的康帕内拉为什么还要用写作折磨自己？难道写这本书比自己的生命还重要？康帕内拉安慰父亲说："这本书比任何一本书对人们都更有用。"

经过长时间的艰苦努力，当弟弟把最后一页手稿交给季阿诺拉的时候，康帕内拉的脸上终于露出了胜利的笑容。此刻，他的心里感受到了无限的幸福，《太阳城》在阴森黑暗的牢房中诞生了。

《太阳城》一书凝聚着康帕内拉思想的全部结晶，也是他留给后世的影响最大的一部著作。如同莫尔的《乌托邦》一样，在极端的社会环境下，为了迷惑敌人，《太阳城》采用了对话的形式写出来，叙述了一位来自热那亚的航海家向招待所的管理员讲述在航海时偶然来到"太阳城"的所见所闻。

"太阳城"冲破黑暗，走向世界

《太阳城》写于 1602 年，原文是意大利文，当时就有手抄本流传，至今还有 17 世纪初的手抄本被收藏在罗马、伦敦等地。1613 年，康帕内拉亲自把《太阳城》译成拉丁文，并于 1623 年首次出版，以后又被更多人译成了更多种文字。

那时，当《太阳城》完稿之后，康帕内拉在狱中最大的愿望就是它能够早一点出版，希望"太阳"的光辉早日刺破笼罩大地的黑暗，给世界带来光明和温暖，然而，《太阳城》的出版也经历了一番波折。

1607 年 4 月，康帕内拉认识了一个叫肖倍的人。肖倍是教皇的一个亲信，并且是一位著名的学者，但是他的功利心很强，是个贪得无厌的人。他为了获取名利，经常写一些阳奉阴违的颂辞来讨好宫廷中的高官，因此他享有高俸厚禄，颇受宠信。他最擅长的就是运用自己的笔杆来称颂西班牙国王，宣扬天主教真理，以及教皇对世俗的绝对领导的天命不可违。那时候，罗马和威尼斯的冲突十分尖锐，教皇经常让他写文章抨击自己的敌人，虽然有的文章要写出来对于他来说还是有许多困难的，但是为了讨好宫廷，他还是答应了教皇。

肖倍的人际关系很广，其中很多人都认识康帕内拉，甚至有人和康帕内拉待过同一间监狱。通过朋友，肖倍还读过康帕内拉所写的《哲学》和《西班牙君主国》，并且听说康帕内拉在狱中写出了《反对威尼斯》一书。他觉得康帕内拉的学识十分渊博，如果能够获得康帕内拉的著作，对于他要写的一些文章是十分有帮助的。从这个时候起，肖倍决定使用计谋获取康帕内拉的文章和著作，于是他掩藏起自己丑恶的嘴脸，以一副崇拜者的样子和康帕内拉进行书信来往。

在狱中的康帕内拉对肖倍是个什么样的人并不清楚。起初他相信这个人喜爱他的著作，同情他悲惨的遭遇，一点都没有怀疑肖倍想要帮助他的动机。肖倍在信中答应康帕内拉会尽自己最大的努力，利用自己与教皇的关系想办法解救他，并保证会不遗余力地把康帕内拉所写的一些申辩书以及表明自己效忠西班牙国王的著作转送到他想要送到的那些人手中。

在获得康帕内拉的初步信任后，肖倍便急不可耐地想获得手稿，于是他加入一个到意大利旅行的德国青年贵族团体里，于 1607 年 4 月 17 日来到了那不勒斯，准备亲自和康帕内拉见面。他的行动极其谨慎，因为他害怕自己和异教徒见面后，一旦走漏风声，会影响到自己的声誉。肖倍利用关系买通了监狱中的一些人，和康帕内拉秘密见了面。他告诉康帕内拉，自己亲自前来就是为了表明诚意。他不仅向康帕内拉索要那些用来讨好教皇或西班牙国王的著作，还希望康帕内拉能够把自己所有的手稿都交给他，并向他担保会在国外出版所有的书。

康帕内拉被这些花言巧语蒙骗了。多少年来，他一直盼望着有一天能在国外的某个地方，或者是法国，或者是德国，又或是其他国家出版《太阳城》。康帕内拉考虑到，把《太阳城》与其他表明自己非常忠于教廷的各种著作一起交出去或许有助于伪装，于是他答应了肖倍把自己所有的著作都交给他。可是这并不是一件容易的事情，因为康帕内拉的大部分手稿都在狱外的各个朋友那里，并且为了预防万一，康帕内拉并不准备交给他原稿，而是委托狱外的朋友进行抄写。康帕内拉是个十分仔细的人，每一部手稿的副本他都自己校对。他们约定，一旦校订工作完毕，康帕内拉就把所有手稿交给肖倍。

在这些日子里，康帕内拉几乎每天在忙忙碌碌中度过，或许再也没有第二个学者像康帕内拉那样，在监狱那么恶劣的条件下对准备出版的著作进行整理。康帕内拉感到很激动，因为一切事情都已经安排妥当了：康帕内拉的一个朋友从那不勒斯当地找来自己的老乡，一起去寻找这几年来保存康帕内拉手稿的人们，并且亲自雇佣誊写的人，还一直催促他们不要耽误时间，一定要抓紧时间抄写手稿。抄写好的手稿由这个朋友交给狱中的亲戚，再找机会连同蜡烛一起交给康帕内拉。康帕内拉把抄写好的副本阅读一遍，做出必要的修订，最后由朋友的亲戚秘密带出监狱。除了校对抄好的手稿，他还答应肖倍的要求写了几篇医学作品，如《论防寒法》《论科隆的鼠疫》《论预防夏暑的方法》。

1607年6月1日，康帕内拉完成了所有的校对工作，将抄写好的手稿交给了肖倍，其中包括哲学、医学、神学和天文学的各种著作，最重要的就是《太阳城》。

肖倍的诡计得逞了，他终于拿到了自己梦寐以求的手稿，当然，他从来没有在任何的高官面前为康帕内拉疏通，更没有想过要怎样去出版他的著作，因为出版异教徒的著作，无疑是自毁前程的做法。但是肖倍也不想立即和康帕内拉断绝关系，他继续和康帕内拉保持着书信来往。当康帕内拉问及著作的出版情况时，他便借口出版遇到许许多多不可预料的困难，寻找各种理由辩解为什么交给自己的手稿到目前为止一部也没有出版。

几乎整整一年过去了，肖倍连一本书都没有出版，康帕内拉预感到事情不妙，根据目前的情况判断，肖倍一点都不想履行他的诺言。随着时间的推移，康帕内拉逐渐看清楚了肖倍的谎言：他想用自己的虚情假意继续骗取康帕内拉的信任和新的手稿。肖倍特别关心康帕内拉《关于预言的论文》和《形而上学》这两篇文章的写作情况，希望康帕内拉能把手稿给他。但是康帕内拉已经完全不再相信这个假心假意的人了。后来，肖倍还写信告诉康帕内拉不要相信人，只有相信上帝才能帮助他。当肖倍意识到他再也无法从康帕内拉那里弄到一点好处的时候，便露出了真实的面目，公开宣称自己和康帕内拉不认识，一点关系都没有，希望康帕内拉能够一直关在现在的地方。可见，肖倍是个不折不扣的大骗子。

可是，幸运之神再一次降临在康帕内拉的身上。1613年，康帕内拉在狱中接待了一位热情的来访者，他叫托维·阿达米，以前他们从来不认识。阿达米是德国人，是一个年轻贵族的家庭教师，不仅很有学问，而且很有教养，对各种科学都有研究。早在德国的时候，他就读过康帕内拉的几篇文章，知道他是一个学识渊博且具有远大抱负的人。他完全被康帕内拉文章中所体现出的才华和独到的见解所折服。使他感到尤为敬佩的是，康帕内拉命运悲惨，在监狱被囚禁了那么久的时间，但是仍然坚持在那么残酷的环境下写作，因此阿达米一直希望有机会能够见一见自己心中的这位偶像。

有一次，阿达米和自己年轻的贵族学生一起去旅游。他们游览过帕多瓦和威尼斯以后，阿达米决定取道那不勒斯返回德国，因为他想借机和康帕内拉见上一面。在征得了监狱长的同意后，阿达米和康帕内拉终于见面了。和康帕内拉的初次会面，就使阿达米觉得不虚此行。他让学生们先回去，自己则留在了那不勒斯。康帕内拉和阿达米一见如故，促膝长谈，都有一种相见恨晚的感觉。阿达米在康帕内拉的牢房里待了很久。经过几次会面，阿达米亲身感受到了康帕内拉的魅力，他不仅拜服康帕内拉的学识和机智，还认识到他是一个特别勇敢、有毅力和不屈不挠的人。阿达米毅然决定推迟回国的日期，原本打算很快回到德国的阿达米，却在那不勒斯整整待了八个月。在这段时间里，阿达米几乎天天和康帕内拉见面，康帕内拉给他讲述了自己关于哲学、天文学、医学等方面独树一帜的见解，阿达米则向康帕内拉请教自己心中的疑问，并对善于伪装骗取手稿却一部也没有出版的肖倍表示了自己极度的愤怒。就这样，他们成了志同道合的亲密朋友。阿达米向康帕内拉表示，自己会不顾教皇的一切禁令，竭尽全力在德国出版他的著作，特别是《太阳城》一书。

　　康帕内拉经过上次手稿被骗的教训后，一直不敢再贸然相信别人的诺言，但是经过和阿达米相处的这八个月，他觉得完全可以相信这个人。康帕内拉深信阿达米和骗子肖倍不同，是个值得信赖的人，他一定会做到自己承诺给康帕内拉的那些话。于是，康帕内拉又委托朋友们再次抄写自己的著作。10月，当阿达米准备离开那不勒斯的时候，康帕内拉把自己许多的手稿都交给了他，其中就包括《太阳城》。

　　阿达米回到德国后，就立即开始着手联系出版著作之事，虽然遇到了许多困难，但他一直都没有放弃，时刻都会想起自己对康帕内拉许下的诺言。同时，他和康帕内拉还一直保持着频繁的书信联系，探讨哲学问题。可是后来，他们的通信出乎意料地中断了，康帕内拉心中不禁一惊，难道阿达米和肖倍一样是个骗子，否则怎么会消失得毫无踪影？

　　有一天，康帕内拉从一个德国的来访者那里打听到，原来阿达米没有背弃自己的诺言，自从和康帕内拉的通信中断后，就一直在打听他的消息，可是却听说康帕内拉已经死在牢中了。德国的来访者还告诉康帕内拉，阿达米在德国办起了一所学校，亲自向学生讲授康帕内拉的学说，宣传他的思想。现在，已经有越来越多的人开始了解康帕内拉的思想了。来访者还说了一个让康帕内拉无比激动的事情，阿达米出版了康帕内拉的一部著作——《哲学复兴的先驱》，目前阿达米正在积极准备出版《论物的意义》和《太阳城》的相关事宜。

后来，阿达米又有一段时间没有任何消息了，当时德国境内战火连绵，康帕内拉甚至怀疑自己的这位好朋友或许已经不在人世了。就在这个时候，康帕内拉意外地得到了让他从心底感到振奋和幸福的消息：阿达米在法兰克福出版了康帕内拉的一套作品集，其中包括康帕内拉最看重的著作——《太阳城》。此时是 1623 年，即阿达米取走手稿十年以后。《太阳城》终于出版了！

对康帕内拉来说，二十多年来，他以一种超人的毅力忍受住了监狱里的一切痛苦，就是为了等待这一天的到来。《太阳城》终于出版了，这犹如在黑暗的牢房中升起了一轮火红的太阳，温暖的阳光把它的光和热无私地奉献给世界上的每一寸土地、每一个人。

1633 年，一部由康帕内拉亲自校订过的新版本《太阳城》在法国巴黎出版。此后，《太阳城》陆续被翻译成各种文字在世界各地发行。1906 年，中国民主主义革命家廖仲恺在《民报》第七期的《社会主义史大纲》这篇文章中提到了《日府》，即康帕内拉的《太阳城》。直到中华人民共和国建立后，《太阳城》才正式被翻译成中文，它作为早期社会主义先驱者的心声，强烈地吸引着我国广大的读者。

第4章

人的天国:《太阳城》

　　《太阳城》是康帕内拉的重要代表作之一。他抨击了由私有制产生的各种弊病和罪恶,主张废除私有制。同时,他描绘了一种理想的社会制度。康帕内拉在《太阳城》中提出的空想共产主义的体系,是以后很多空想社会主义体系的雏形,因此,这是一部社会主义思想史上的重要文献。

　　"太阳城"的社会制度是康帕内拉在狱中多年苦心构思出来的一种理想社会制度。他认为,人类正在通过流血斗争、暴动和起义,一步一步地走向"太阳城"。他坚信,全世界必将按照"太阳城"的方式来生活。康帕内拉特别崇尚"黄金时代",认为人类从"黄金时代"开始,经过私有制阶段,最后还会返回"黄金时代",在那里是没有我的你的之分的公有制社会。

《太阳城》：从自然哲学引申到社会哲学

康帕内拉的祖国意大利长期处于黑暗统治之中，自己几乎一辈子是在阴暗的牢狱中度过的，而《太阳城》又是在黑暗中诞生的，这一切的经历都让他对阳光、温暖有着独特的渴望，并希望阳光能够刺破黑暗，给所有人带来光明。《太阳城》就如同太阳一样可以给每个生活在黑暗之中的人带来温暖与希望。

《太阳城》体现了康帕内拉自然观和历史观的统一，是他把自然哲学引申到社会哲学的具体体现。想更好地了解康帕内拉在"太阳城"中所体现出来的理论思想，就需要先了解一下他思想的启蒙老师——特勒肖。

特勒肖出生在意大利科森萨的一个贵族家庭，受过良好的学校教育，是文艺复兴时期伟大的市民资产阶级哲学家和自然哲学的杰出代表。他曾在欧洲首创自然科学园（又称科学院和自然科学学社），并亲自执教，开了新的科学研究的先河，后来，欧洲的其他国家纷纷仿效这个学园建立了自己的科学研究机构，对欧洲自然科学研究的发展产生了非常深远的影响。特勒肖的哲学思想主要集中于《依照物体自身的原则论物体的本性》一书中。在这部著作中，特勒肖要求人们按照自然界的本来面目对它进行认识，反对亚里士多德主义和经院神学的陈腐教条。正是鉴于特勒肖的科学精神及其所取得的巨大成就，弗兰西斯·培根称他为"具有现代精神的第一个思想家"。

康帕内拉正是看了《依照物体自身的原则论物体的本性》这本书，才将特勒肖作为自己的偶像进而研究起他的思想的。可以说，特勒肖的思想对康帕内拉有着深刻的影响，康帕内拉在"太阳城"中所体现的一些理论的渊源正来自于特勒肖的思想，这里略举数例。

特勒肖认为，事物运动的原因在于事物内的热与冷两种力量的对立和斗争；冷、热的中心分别是地球和太阳，并且冷热经常处于对立的矛盾运动之中，促使万物发展变化。康帕内拉继承、发展了这一观点，认为自然界中事物的产生是由物质之外的无形对立的两个本原——冷和热作用造成的，它们彼此敌对，相互消灭，两者之间的斗争使得它们同时既有存在又有不存在的结果；与此相联系，事物的存在又时刻处于存在与非存在的矛盾之中，存在肯定着自己的同时又限制了自己的存在，从而就分有非存在。康帕内拉认为，无论是自然界还是社会，都由有限的存在和无限的非存在构成，自然界中有"冷"与"热"，有"爱"与"恨"，如果太阳体现热和爱，地球体现冷和恨，那么社会也同样存在冷与热、爱和恨。但社会只应该体现热和爱，因为冷和恨是社会的否定力量，应该用热和爱排挤冷和恨。在康帕内拉设计的"人间天国"中，到处体现了热与爱，与当时意大利到处存在的冷与恨形成了鲜明的对比，比如，在"太阳城"中不存在私有制，不存在剥削，人与人之间平等友爱，社会繁荣和谐。

特勒肖提出两种灵魂说，认为人有两种灵魂，一种是上帝所赐的不朽灵魂，它与物质无关，是高级的，具有神性，在来世起作用；另一种是物质灵魂，它是由热和精细的质料构成，通过神经遍布全身，与感官相连，人的感觉也由此产生。因此，物质灵魂在人的认识中起作用。特勒肖通过对冷、热的论述，进一步提出人的感觉是按冷与热的混合程度，通过物质灵魂作用于外物的，离感觉远的外物靠光的作用和灵魂发生关系，物质灵魂所获得的是有关现实自然界的知识。由此特勒肖认为，感觉是可靠的，是全部知识的基础，理性思维也离不开感觉经验。康帕内拉由此提出了经验的重要性，认为经验是检验真理这一思想。在《太阳城》中也能体现出康帕内拉对经验的重视，比如利用书籍记载的经验进行种植和治疗疾病。

再比如，特勒肖认为，冷与热具有能动性，具体体现在它们在相互消灭之中附有感觉，具有自我保存的倾向，并求生避害、趋善避恶；而人具有物质灵魂，是说人作为自然的生物，物质灵魂让人追求自我保存，自我保存体现在人身上就是追求现实的快乐与幸福。这些思想在康帕内拉的《太阳城》中都体现得淋漓尽致。

总之，康帕内拉"太阳城"理想社会的理论将自然哲学引申到社会哲学，提出了自己的历史观，并同他的自然观密切联系：强调科学复兴，主张以科学知识为人类实践服务，发展科学，改造社会，并把自己改造社会的计划，把建立公正的、自然的和理性的社会制度，同期望宇宙的变革联系起来。

康帕内拉心中的"太阳城"据说位于印度洋上的"塔普罗班纳岛"。这个岛的大部分建筑建在广阔平原的山丘之上。高高的地面上是一层又一层的游廊，它们被精心雕刻的美丽石柱支撑着，所有的房屋只有从内部才能够进去。康帕内拉在《太阳城》里描述的是一个非常具有特色的崭新的国家。

公有制："太阳国"的经济结构

康帕内拉一直认为利己主义是私有制的产物，而利己主义又繁衍出"诡辩""伪善""残暴"三大罪恶，因此要消除社会中的一切罪恶现象就必须废除私有制。所以在康帕内拉设计的"太阳城"中，一切都是公有的，城中实行生活资料和生产资料的公有制，土地、房屋、劳动工具和劳动产品等一切财富都归属全体人民所共同拥有，实行各尽所能按需分配，甚至连个人的住房都要半年调换一次。在那里，房屋、宿舍、床铺和其他一切必需的东西都是公有的，并且每个人都是统一着装，"太阳城的人民穿白色衬衫，衬衫上面罩着一件连裤的无袖衣服，这种衣服从肩部到外胫和从脐部到两腿之间的后部开缝，每排缝都扣着一排纽扣。裤脚用带子系住，腿上罩着像皮靴筒一样的带扣的护腿套，外面再穿上鞋子……他们还披着斗篷，当他们脱下斗篷后，就可以看出他们的连裤无袖的衣服多么合身。他们在一年中要换四次衣服，就是在太阳进入白羊宫、巨蟹宫、天秤宫、摩羯宫（即三月初、六月初、九月初和十二月初，相当于一年四季）的时候。由医生和各个城区的衣着保管人根据需要的情况来分配衣着"。大家过着一种"有饭同食，有衣共穿"的生活，具有非常浓烈的平均主义色彩。康帕内拉认为，只有实行这种绝对平均的制度，才能消除贫富的两极分化，进而消除由此带给社会的一切灾难。消灭了穷困，也就避免了"极端的贫困使人们卑贱、狡猾、圆滑、盗窃、阴险、无权、虚伪和作假等等"；而消灭了富裕，就避免了"财富则使人们傲慢、

147

自负、无知、背信"。每个人之间绝对的平均主义，就"使大家都成为富人，同时又都是穷人：他们都是富人，因为大家共同占有一切；他们都是穷人，因为每个人都没有任何私有财产。因此，不是他们为一切东西服务，而是一切东西为他们服务"。为了从根本上铲除私有制，康帕内拉发展了柏拉图《理想国》中一些落后的思想，认为私有制产生和发展的重要原因是家庭、妻子和子女，因此主张共产、共妻、共子女，用柏拉图的话说就是"这些女人应该归这些男人共有，任何人都不得与任何人组成一夫一妻的小家庭。同样的，儿童也都共有，父母不知道谁是自己的子女，子女也不知道谁是自己的父母"。

康帕内拉认为，公有制可以产生高尚道德，对于有人提出的反对意见，康帕内拉一一进行了反驳。

其一，有人认为产品公有会使人们失去劳动的热情，造成懒散的状态。康帕内拉则认为，这种情况是以对土地占有不平等却采用平均分配为前提的，在公有制的条件下，一切产品都是公共所有，每个人的工作也是按照个人的能力和特长来分配的。既然工作力所能及又合乎本性，因而热爱工作必然是自然的结果。

其二，有人说在公有制条件下，社会阶层的秩序必然混乱。康帕内拉认为，"太阳城"里每个职务的合适人选都是从小就按照自身的天性爱好进行培养，经过各种方法考查后才被推荐到最适合他的职务中去的，只有最优秀的人物才能按照特定的制度成为最高负责人，这样做的目的就是使每个人胜任自己的工作，热爱自己的工作。更为重要的是，公妻制使"太阳城"内不存在任何亲戚关系，这样领导人也不会以权谋私。因此，社会阶层的秩序只可能是井然有序的。

其三，有人认为公有制不利于培养人们助人为乐的美德，因为人们慷慨的美德已经消失了。康帕内拉则认为，这种提法的逻辑前提就是错误的，因为"太阳城"实施的是公有制，一切都是公有的，根本就没有穷人，因此也用不着别人的慷慨解囊，而在面对战争、疾病的时候，人们互相帮助，舍己为人，这是一种更高形式的慷慨，是比慷慨更高尚的美德。

反驳了这些反对意见，康帕内拉认为公有制是一种合乎人性、合乎自然的最好的形式。从建立公有制原则出发，在康帕内拉的《太阳城》中，人人都参加劳动，热爱劳动，把劳动看成属于自己的光荣的职责之一。在劳动的时候，大家分成几组，每组选出成员代表一名，称为"王"。每个小组的成员都绝对服从"王"的安排和指挥，不会有任何不满意的情绪，他们都会把"王"当作自己的兄弟姐妹一样看待。人们在"太阳城"中的劳动都是各尽所能，人尽其才。男性由于身强力壮，从事最艰苦的职业、做郊外的工作；女性由于身单力薄则从事轻松的手工业劳动；甚至残疾人和体弱多病的老人都可以找到工作为国家尽自己的一份义务。为此康帕内拉描述道："他们不分性别都从事抽象科学的研究工作和某种职业，所不同的只是，男性从事最辛苦的职业、做郊外的工作，例如播种、耕耘、收获、打谷、采葡萄。而挤羊奶和制干酪的工作通常是派女性去做的；她们也在近郊区从事割草和园艺工作。妇女还从事各种坐着和站着的劳动，例如纺织、缫丝、缝纫、理发、修面、制药和缝制各种衣着等。但是木匠、铁匠和制造武器的工作，妇女是不做的。如果她们有绘画的才能，可以让她们从事绘画。至于演奏音乐，那只是妇女的工作，因为她们演奏起来能令人悦耳，但是，她们和儿童都不吹喇叭和打鼓。做饭和摆桌准备吃饭也是她们的职责；进餐时的服务工作，则由 20 岁以下的青年男女担任。"太阳城"的每个城区内都有自己的厨房、商店和贮藏用具、食物和饮料的贮藏室。由两位年高望重的老男人和老妇人来监督大家履行义务，他们手下有管理的人员，他们有权惩罚或命令惩罚玩忽职守和不听话的人；同时他们也表扬和奖励那些履行义务比别人出色的男女青年。一切青年人要服侍 40 岁以上的人。"总之，在"太阳城"里，劳动不再是一件让人感到疲惫不堪的事情，反而让人精神愉快。大家各司其职，经过努力，没有人再为衣食住等起码的生活需要而愁眉苦脸，疲于奔命。这其实就是康帕内拉对现实世界中不平等现象的一种理想化。在他设计的"太阳城"里，没有奴役、被奴役，只有平等的关系，没有人再逃避劳动，没有人认为劳动卑贱，因为通过劳动他们可以平等地得到他们所需要的一切。

由于"太阳城"有良好的社会制度作为保证，所以社会产品极其丰富，所有产品都由公职人员进行分配，负责分配的人员也极其负责，既不会给任何人多于他应得的东西，也不会不给任何一个人生活所必需的用品。由此造就了"太阳城"里的人具有良好的思想觉悟和道德品质，因为"每个人都可以得到他所需要的一切，他们所关心的只是如何光荣地获得奖品。通常是在庆祝会聚餐时，由国家给男女英雄们发美丽的花冠，或最考究的佳肴，或漂亮的衣服"。由于物品都是按照需要分配给大家，因此在"太阳城"内就不需要商品交换和使用货币了，那里的货币只有一个用途：供驻外人员和对外贸易时使用。一直以来被人们追捧的金银，在"太阳城"里没有人对其感兴趣，就如"乌托邦"里的人们用金银来制作尿盆、便桶和手铐、脚镣一样，"太阳城"里的人用金银制作公共场合的装饰品。

一个太阳和三个助手："太阳城"的政治结构

除了有合理的制度，在康帕内拉看来，"太阳城"的治理还需要一批德才兼备的"贤人"。"太阳城"的最高统治者是一位大祭司，又叫作"太阳"或者"形而上学者"，他具有渊博的学识和崇高的品质，既懂得国家管理的各种技能，又知道社会和科学的知识，是世俗和宗教界一切人的首脑，一切问题和争端都要由他做最后的决定。"太阳"是终身任职，不得任意更换。在"太阳"之下设有三个领导人："蓬""信""摩尔"。"蓬"，即"威力"；"信"，即"智慧"；"摩尔"，即"爱"。他们全是"太阳"的得力助手，分别掌握有关战争与和平的一切事物、艺术、手工业和各个科学部门，以及衣、食、生殖和教育方面的事务。这三名领导人和"太阳"一样，都不是由选举产生，而是被指定的，并且可以终身任职，除非他们认为某个公民在智慧和知识方面都超过了自己，这时候才能辞职。这三名领导人各自拥有三名助手，助手之下有十人团、五十人团和百人团的领导人。"太阳城"中其他的公职人员都用一种美德来命名，康帕内拉说道："太阳城的负责人员的名称正如我们所有的美德的名目那样多。因此每种职务都有一种美德的名称：刑事的公正裁判——宽大、勇敢、纯洁、慷慨；民事的公正裁判——热心、诚实、慈善、殷勤、朝气、节制等等。"

"太阳城"是实行行政权和司法权合一的国家，各级负责人员既是行政官员又是司法官员。同时，康帕内拉在"太阳城"中关于法律的构想也是别出心裁，"在司法方面，每个公民都直接受他工作岗位上的领导人的管辖。因此，领导人就是法官，他可以对下属做出以下的判决：流放、鞭打、训诫、禁止在公共食堂进餐、开除教籍、禁止与妇女会合。对于暴徒，如果是故意犯罪或预谋犯罪，那就可以处以死刑，或者给予同样的报复，即以眼还眼，以牙还牙，以鼻还鼻，等等。如果犯罪完全不是出于预谋或在争执中偶然犯了罪，则可以从轻判处，但这种判处不归法官，而归可以向'太阳'申诉的三位领导人来决定，不过这并不是要求他们进行审判，而是请求赦免，因为只有'太阳'才有赦免权。'太阳城'没有监狱，只有一座囚禁叛乱的敌人等的塔楼。他们不采用书面的诉讼程序，但原告可以向'威力'和法官申诉，由证人提出证词，被告可以为自己辩护，法官当场就判决有罪或无罪；如果法官还要代被告再向三位领导人申诉，则于第二天重新宣判。最后，在第三天，由'太阳'对被告宣布赦免或依法执行判决，而且被告被判决后要和自己的原告以及证人言归于好，就像自己的病被治好以后与医生互相拥抱和亲吻那样，等等"。

"太阳城"中还特别注意发扬民主，康帕内拉把民主问题建立在人性论的基础上，强调自然的天赋是选举领导人的决定因素。他认为："我们也仿效自然界，使最优秀的人物担任首长的职务，像蜜蜂的办法那样；如果说我们也采取选举的方法，那它是合乎自然的，而不是随意的：这就意味着我们所选举的是由于天赋条件和高尚道德而出众的人。"在康帕内拉看来，人才的选拔需要注意两个方面：一是技能和学问，二是德行是否出众。这样的人必须经过考验，只要是按照这个标准选拔出来的人才，就不会专横，不会凌辱他人。

在那里，公民享有民主权利，20 岁以上的公民可以参加每月举行的"大会议"，"大会议"每月召开两次。在"大会议"上，每个人都有权利对国家各项事务的缺点和对政府各级官员执行工作的好坏提出自己的意见。另外，每八天还会举行一次全体负责人会议，"出席的人是最高领导人'太阳'、'威力'、'智慧'和'爱'以及分属于这三个领导人的九个首长——共十三人……'太阳'等三个主要的领导人每天举行会议，处理日常事务并批准有关选举的决议和检查执行决议的情况，同时也讨论其他的必要措施。除了完全不知道应该怎样解决的问题外，他们是不会用抽签的办法来解决问题的"。

独树一帜，别具风格："太阳城"的生活状态

由于有了贤明的领导人和正确的国家制度，"太阳城"里人民的生活也是丰富多彩的。他们的食堂办得十分有特色，"食堂的餐桌摆成两排，每张桌子的旁边都排列着两行座位，一行是男人的，一行是妇女的……用膳时，有一个青年人站在高处拖长声音清晰而响亮地念圣书，但有时当某个负责人提醒大家注意其中某段的重要性时，也会打断他。一些穿得很漂亮的青年人敏捷地侍候人们用餐，看起来真是一幕非常动人的景象。他们是那样有礼貌，仪态优雅而亲切，就像朋友、兄弟、儿子和父母生活在一起一样。每人有自己的一块餐巾和一个钵子，分得一碗稀汤和一份菜肴"。当大家在一天的劳动结束后，便会聚集在这个公共食堂里进餐。为了大家的健康，"太阳城"里特别注意对居民饮食的管理，有专门的医生负责掌握每日的菜单，他们吩咐厨师根据不同的年龄、性别、健康状况给人民做出不同的饭菜。另外，菜谱也不是一成不变，而是根据一定的医学原理制成的，"食物经常分三次变换：第一天吃肉，第二天吃鱼，第三天吃蔬菜，然后又再吃肉，为的是不伤胃而又不会使身体虚弱。容

易消化的食物留给老年人吃，每天三餐，但数量不多；在公社食堂吃饭的人每日两餐，儿童则按'物理学家'的规定每日四餐。他们多半能活到一百岁，有的甚至活到二百岁"。

"太阳城"中的居民工作负担很小。在康帕内拉看来，在那不勒斯的七万居民中，其中差不多只有一万至一万五千人从事劳动，而且他们的工作经常超出自己体力的承担范围，从事力所不及和不间断的超负荷劳动，最终变得精疲力竭或濒于死亡。康帕内拉早已对这种非人性的制度心存不满，因为这种制度是与人民为敌的，是建立在私有制基础之上的，是维护统治者的利益的。而在他设想的"太阳城"里，这一切都是相反的："一切公职、艺术工作、劳动都是分配给大家来承担的，而且每人每天只做不超过四小时的工作；其余的时间都用来愉快地研究各种科学、开座谈会、阅读、讲故事、写信、散步以及从事发展脑力和体力的活动，而且大家都乐意从事这一切活动。不准许玩骨牌、掷骰子和下棋以及其他静止不动的赌博游戏；打球、棒球、套环、摔跤、射箭、射击和标枪等是准许的。"由于有了很多的时间投入到科学研究之中，"太阳城"内的科学技术十分发达。他们根据观察到的天象进行天气预报，创造出了可以减轻人们劳动强度的机器，甚至"已经发明航空术。而且，在最近的将来，他们还希望能发明用来观察尚未发现的一些星球的望远镜，以及听取天空和声的助听器"。另外，康帕内拉认为"太阳城"内的人特别注意身体锻炼，这无疑是对中世纪教育的否定，具有进步意义，因为中世纪的教会主张禁欲主义，认为人的身体是罪恶的根源，反对体育锻炼，体育跟学校教育是绝缘的。"太阳城"里的人有着丰富的医学知识，用来防病治病。他们还有良好的卫生习惯，因此各种疾病的发病率十分低，"太阳城"内的人民寿命都很长。他们在饭后和节日里，还会举办别开生面的舞会、音乐会，还有各种体育活动，例如赛跑、射击、投掷标枪、打靶、猎捕野兽等等。"太阳城"中人和人之间团结互助，就如亲兄弟一般，对于四十岁以上的人都要特别地尊重和照顾，"在晚上，在快要睡觉时，在早上，都有两位男女领导人指挥一部分青年人去轮流为每间宿舍服务。青年人都以彼此互助为己任，如果逃避自己的职责，必将自讨没趣"。

在"太阳城"里，取名字也特别有意思。此外，他们还对一些有突出贡献的人有特殊的称号，"太阳城人民的名字并不是随便取的，而是由'形而上学者'根据每个人的特点来取的，就像古罗马人的习惯那样。因此，有的叫'美男子'，有的叫'大鼻子'，有的叫'腿粗的人'，有的叫'勇猛的人'，有的又叫'坏蛋'，等等。至于那些手艺出众，或在战时、和平时建立某种功勋的人，那就根据他们的专业在他们的名字上加上一个相应的外号，例如，'漂亮而伟大的''可贵的''优异的''伶俐的'。根据功勋加的外号如'大鼻子勇士''滑头''伟大的或最伟大的胜利者……'。对于'审美'，他们也有自己的一套标准，特别是对妇女，认为'妇女们'由于都要工作，所以她们的皮肤呈健康色，身体的发育也很好，都是一些体格匀称和富有朝气的人；那里的人认为体格匀称、活泼和富有朝气就是她们的美。因此，那些愿意把美的基础建立在'脸上涂脂抹粉，穿高跟鞋来显示身材，穿长裙来遮掩粗腿'之上的妇女，就要处以死刑。但这一切愿望是谁也无法实现的，因为没有人来供应她们这些东西"。

在"太阳城"中，人们对农业和畜牧业都非常重视，把它们看作是整个社会生活的基础。他们不荒废每一寸土地，每块土地都用来开垦，人们平时精耕细作，还会利用风向和星座进行农业生产，并且会制作巧妙的工具来耕地、播种、运输，这种工具是一个装有帆的大车，由于配备一种可以向相反方向转动的机械装置，所以即使是逆风也可以行走；如果赶上没有风的日子，只要用牲畜就可以牵动它继续工作，这种工具大大减轻了劳动的强度，提高了劳动效率。他们还有各种秘密的方法以保证自己的庄稼不会被害虫损害而茁壮成长，这个秘密就是"他们的土地既不施粪肥，也不用污泥作肥料，因为他们认为这会败坏种子，如果食用这种作物，就会使体质变弱而缩短寿命，就像靠装饰打扮而不靠自己的活动锻炼出好身体的女子那样，生出来的后代是孱弱的。因此，他们的土地并不施肥而是进行深耕细作，并利用各种秘密方法，来使作物加速生长，来增加收获量和保护种子。为此，他们有一部名为《稼穑诗》（源出希腊文 georgos，意思是庄稼人）的书"。每年，人们都收获颇丰。"太阳城"里没有专门从事农业生产的人员，每到收获的时节，全城人民只要一听到鼓声号声或者看到旗帜，便会带着工具自觉地来到田地参加农业劳动，由于大家总是齐心协力，农活总是在很短的时间内便可以完成。土地除了耕种农业产品以维持人们的生活所需，其余则用在了畜牧业上。"他们很重视马、牛、羊、狗以及各种家畜和驯熟牲畜的良好的繁殖和饲养方法……他们也养很多鸡、鸭和鹅，这些家禽是由妇女以很愉快的心情在置有禽舍的城下来饲养的。同时，她们也在城下制造干酪、食油和其他乳制品。他们也饲养很多阉鸡和良种家禽。他们根据一本名为《田园诗》（源出希腊文 bucolos，意思是牧人）的书来指导这一部分的饲养工作。"由此可见，在"太阳城"内是十分注意生产的全面发展的。

晚婚晚育的"优生学"与科学育人的教育学：
"太阳城"里的婚姻与教育

　　在"太阳城"中，婚姻制度是其一大特色。他们认为生儿育女是为了保存种族，而不是保存自己；是关系国家利益的问题，而不是个人的事情。男女的结合需要根据双方天赋的优良品质决定，服从政权的调配。所有的男人和女人在体育学校上课的时候都要把衣服脱光，负责生育的领导人根据他们的体格情况，采取男女双方互补的原则决定某对男女的结合："体格匀称和美貌的女子，只同体格匀称和健壮的男子结合；肥胖的男子与消瘦的女子结合，消瘦的男子与肥胖的女子结合，为的是使他们能得到有益的平衡。""太阳城"内规定了男女生育的最低年龄，男子须满 21 岁，女子须满 19 岁。年满 21 岁甚至到了 27 岁仍然保持童贞的人会受到人们特别的尊敬或者会在公共的会议上受到表扬。从这一点我们可以看出"太阳城"人口数量由国家统一调控，他们鼓励晚育，甚至还有点儿禁欲的色彩。在"太阳城"，男女之间也会产生爱情，这种爱情类似于现代的友情，但这是以生育为前提的。如果两个人的结合不能保证生育，那会被绝对禁止。无疑，以是否能够保证生育作为男女双方结合的基础是一种落后的思想。在"太阳城"中，不会生育的女子则被宣布为"公妻"。"太阳城"虽然实行的是公妻制，但绝不等于放纵欲望，恰恰相反，居民坚决反对纵欲，认为节欲是具有高尚道德的体现。对于实施公妻制度的主张，康帕内拉实际上还是犹豫不决的，他在《太阳城》中也写道："我认为他们的这种做法（指公妻制）也许是错误的……也许'太阳城'的人民终有一天会废除这种风俗的，因为归附'太阳城'的那些城市所公有的只是财产，而绝不是那种只是为大家服务并从事手工业的妻子。"

"太阳城"中的教育制度也有鲜明的特点。小孩在出生后交由国家抚养，断乳后，便按照性别分别交给德才兼备的男老师和女老师抚育，于是很多年龄相仿的孩子便在一起生活学习，还一起进行体育锻炼，比如做体操、跑步等。在7岁之前，孩子们主要通过玩耍来进行语言和身体方面的训练；7岁开始，孩子们要光头赤脚，开始走进社会，寻找适合自己的发展方向，例如到工场学习各种手艺，包括制鞋缝衣、烘烤面包、打铁绘画等等；8岁到10岁时，孩子们就要通过分组听课的方式学习各种自然科学的知识，比如数学、医学、天文学……在20岁之前，大家就逐渐开始讨论抽象科学了，比如哲学等等，在这个阶段，他们还被送到田间、畜牧场学习从事农业、畜牧业的知识技能。"太阳城"还十分重视帮助孩子们学习外国语言，比如意大利语、阿拉伯语、波兰语等等，几乎每个孩子都必须掌握一门外语。

康帕内拉对教育问题考虑得很多。为了使对青少年的教育取得更好的效果，在"太阳城"内到处可见直观教育的影子。"太阳城"里每一个城区的墙壁都挂着很美丽的图画、图表，例如"第一个城区的内墙上画着各种数学公式的图表，比昔日阿基米德和欧几里得所发现的还要多得多。图表的大小和墙的厚度成比例，并且在每个图表上用一首诗来做相应的说明。这样，人们在这里就可以看到某些定义和定理。在这道城墙外边的拐弯处，首先画着全球的大地图；接着画着各个单独地区的地图，对于这些地区的风俗、法律和习惯以及居民的起源和他们的力量都用散文做简短的说明；也画着所有这些地区所使用的文字的字母表，并在它们的下面注有'太阳城'的字母"。在其他的墙壁上，还可以看到有关各种金属的图形以及它们的标本，冰雹、雪、雷雨以及各种自然现象都会有图画进行说明，孩子们看着壁画，就可以对地球上的各种花草树木、动物有十分明确的概念。另外还有关于各个民族的各种手艺、劳动工具和它们的使用情况的图画，以及所有著名学者、发明家和获得荣誉的历史学家的肖像。把一幅幅图画联结起来，就可以当成一部丰富多彩的百科全书。

和平共处："太阳城"的对外政策

"太阳城"不仅国内繁荣，人民安居乐业，而且还是一个热爱和平的国度，他们对任何一个民族都友好以待，不会对任何人使用暴力，除非自己先受到威胁。另外，他们特别地殷勤好客，"到那里的外国人在三天之内的一切费用都由公家支付。外国人一到，首先让他们洗脚，然后带他们参观全城，介绍这个城市的结构，容许他们进入议会厅，并招待其在公共食堂吃饭，派有专人负责为外国客人服务并保护他们。来客如果愿意做'太阳城'的公民，就必须受到各种考验，一个月下乡，一个月在城里，然后再由'太阳城'做出是否接受的决定，如果接受，就为这些新公民举行一定的仪式和宣誓，等等"。

虽然"太阳城"的居民不喜欢战争，但是他们却十分注意防御系统的建设，因为康帕内拉认为"太阳城"的幸福生活必将受到一些暴君的仇视，他们势必会以诸多借口挑起争端，所以与怀有敌对情绪的国家为邻的"太阳城"的人民不得不重视军事的发展。他们的城市建筑就充分考虑到了防备侵略的需要，"太阳城"所有的建筑组成一层层的同心圆盘，全城分七个同心圆地区。每个地区都有一道坚固无比的城墙，城墙内有高大的建筑和广阔的空地，同时这又是一道坚固的防御工事，因为城墙的东南西北分别开了一个铁制的门，并且装有一种巧妙的机械使它可以方便地开关，这样地区和地区之间便只有四条大道相通，从一个地区到另一个地区，必须通过一个铁门和宽阔地带，因此，"假如第一个城区被攻占，必须以加倍的兵力攻占第二个，攻占第三个时又要用加倍的兵力；要攻到这个城池的中心，势必在每多攻一个地区时都使用加倍的兵力。因此，谁要想占领这个城池，他就得进攻七次。但是，在我看来，由于它四周的围墙是那样辽阔并以那样多的棱堡、塔楼、以石球为弹的大炮和沟壕来设防，所以占领第一个城区都是不可能的"。他们还特别重视丰富各类兵种，如步兵、骑兵、炮兵等等，要求作战的时候多兵种要协同作战。对于公民的军事训练，他们也是特别地重视，12岁以上的男孩就要接受军事武器方面的知识的学习，"这时这些男孩开始学习同敌人搏斗，同马和象搏斗，学习击剑，使用标枪和矛，学习射击、掷石和骑术，训练进攻和退却，学习保持战斗队形、支援战友、防止敌人的进攻和退却。妇女也在她们的男女指导员的指导下受这一切训练"。"太阳城"里的人十分注意爱国主义和英雄主义的宣传教育，这些工作一般由德高望重的老者担任，他们会根据不同的战功对在作战中表现英勇的人给予一定的嘉奖，

"第一个攻上敌人城墙的人，能在战争结束后，在妇女和儿童的欢呼声中获得一顶草冠；凡是救助战友生命的人获得一顶橡树叶编的普通的花冠；杀死敌方暴君的人，就由他把暴君的盔甲送到神殿去上供，并由'太阳'授予表扬他功绩的相应的名号"。另外还可以把他们的英雄事迹编入诗歌、音乐中传颂，或者将他们的事迹记录在英雄列传里。但是受到表扬的事迹必须是实事求是的，如果有人为了得到奖赏而捏造事实就必须受到严厉的惩罚，另外当受到赞扬的人还活着的时候就不准为他建立纪念碑；不守纪律和工作中玩忽职守的人都要受到惩罚，而对于在战争中临阵脱逃或出卖战友的叛徒行为则要处以极刑。由于"太阳城"的人英勇无比，装备精良，他们几乎战无不胜，然而"太阳城"的人对战败者也是以礼相待，从来不会滥杀无辜，"他们愿意宽恕敌人对他们所犯的罪行和加给他们的凌辱。获得胜利后，他们总是给予战败国的人民各种恩惠。如果决定要破坏敌方的城墙或把某个敌人处以死刑，那么这些决定是在宣布胜利的当天就执行的。执行了这些决定以后，他们就不断地对敌国人民施加恩惠"。因为在"太阳城"的居民看来，战争的目的不是摧毁对方的肉体，而是要改造对方的心灵，让其弃恶从善，过真正幸福的生活。在战争结束后，他们还会派人到被征服或归顺的城市中去，实行"太阳城"的政治、经济制度和风俗习惯，吸收该城的孩子们来到"太阳城"学习知识。

"太阳城"的居民对自己的国家、制度和风俗习惯都十分自豪，并且充满信心。他们不仅认为自己的生活是最优越的，还预言全人类必将逐步走向他们的这种社会，全世界终将按照他们的风俗来生活。但是他们并没有盲目自信，"他们常常追问外国人：有没有某个地方的其他民族过比'太阳城'更值得称赞和更适当的生活？"他们还利用自己先进的航海技术，远航来到过亚洲，和当时的中国人（明末清初时期）以及一些岛上和大陆上的许多民族包括泰国、交趾支那（现为越南南部）、卡利卡特（Calicut，印度半岛马拉巴地区的一部分。这座城市以作为 1406 年中国明代的郑和与 1489 年葡萄牙的瓦斯科·达伽马两位东西方航海家的共同登陆的地点和共同去世的地点而著名）等结成同盟。由此可见，在所有制性质发生改变后，"太阳城"里的居民用开阔的视野、深远的目光来处理与各个国家之间的关系，旧社会那种弱肉强食的外交规则在"太阳城"里已经不会存在了。

第5章

康帕内拉与《太阳城》：

空想之所以是空想却又超越了空想

空想何以注定

《太阳城》，作为早期空想社会主义者康帕内拉的重要代表作，抨击了由私有制产生的各种弊病和罪恶，主张废除私有制，描绘了一种理想的社会制度，是继莫尔和闵采尔之后的又一空想社会主义方案。他没有简单重复前人的功劳，而是在前人的基础上对未来社会的各个方面做了崭新的探索。但是，他和莫尔、闵采尔以及后来的所有空想社会主义学者一样，只是虚构了存在自己心中的且无法到达的"人间天国"。虽然他们的某些思想在当时已属"高人一等",甚至具备某些社会主义性质,但是由于受到历史条件等的制约,他们都没有找到改造现存社会制度的现实可行的科学方法,这就注定了康帕内拉和他的《太阳城》只能是空想的历史命运。

综观各个空想社会主义者,莫尔的《乌托邦》里,每天工作六小时,睡眠八小时;圣西门设计了除了工人、农民还包括工厂主、农场主、商人和银行家的"实业制度";傅立叶以"和谐制度"为基础,打造了一个由最基层组织"法郎吉"构成的理想社会主义;欧文则给未来理想社会规定了一个基层组织——共产主义公社,并附上了平面图、鸟瞰图等。包括康帕内拉的《太阳城》,他们每个人都设计了未来理想社会的一切环节,包括各种细节,恩格斯指出"各种细节的安排甚至从专家的眼光来看也很少有什么可以反对的",但是至少有以下几点原因,使得康帕内拉和他的《太阳城》与科学社会主义理论相比注定只能是对未来美好社会的憧憬和空想,而不可能成为现实。

首先,虽然康帕内拉看到了现行资本主义制度的种种弊端与不合理,但他和以往的启蒙学者一样,想通过建立理性和永恒正义的王国来解放全人类,然而他们都没有从根本上对"理性"做出解释,没有回答为什么现行不合理的制度最终会被消灭，这就使自己的理论缺乏背后的逻辑支撑而陷入空想的泥潭。而科学社会主义以唯物史观和剩余价值理论为视阈，对经济危机和频繁爆发的无产阶级与资产阶级之间的斗争进行考察，指出资本主义制度存在不可调和的矛盾，即生产社会化与生产资料私人占有之间的矛盾，由此得出资本主义必然灭亡、社会主义必然代替资本主义的科学论断。科学社会主义从"实然"出发，而康帕内拉从"应然"出发，离开资本主义的现实去揭示它发展的轨迹，必然落入空想的误区。

其次，无论是康帕内拉本人，还是在《太阳城》中，都体现了对处于困境中受苦受难的无产阶级的同情，但是他认识不到无产阶级的阶级特征，更看不到其资产阶级"掘墓人"的历史使命。当时的无产阶级力量比较弱小，只是自在的没有阶级意识的阶层，不能作为一支独立的政治力量存在。在康帕内拉的心中，无产阶级只是一个正在灾难中挣扎，只能幻想一个崭新社会的阶级。由于缺乏可以依靠的力量，康帕内拉只能把未来国家的希望寄托在具有天赋和认识真理的天才人物身上，而另一位空想社会主义者圣西门，甚至把希望寄托在资产阶级自己身上。他在著作中向国王呼吁，希图他们大发慈悲，听从神的召唤，重新做回善良的基督教徒。然而，离开无产阶级，指望资本主义制度自行灭亡只能是空梦一场。与之形成鲜明对比的是，科学社会主义论证了现代无产阶级作为大工业本身的产物，指出无产阶级是先进的革命的阶级，只有依靠这个阶级并团结广大人民，才能完成推翻资本主义、创建社会主义的伟大历史使命。无产阶级，也只有无产阶级能代表绝大多数人的利益，并在消灭一切阶级的基础上解放全人类。

再次，康帕内拉看到了私有制带给社会的灾难，在《太阳城》里希望建立起一个完美的理想社会，但是他却不了解社会发展背后的真正动力，认识不到生产力与生产关系的适合程度决定着社会的发展以及社会意识形态的更替，当生产力和生产关系基本适合时，生产力将促进社会的发展，当生产力和生产关系基本不适合时，将导致社会意识形态的更替。因此，他构建起在社会制度上尽善尽美的"太阳城"，想通过外在的力量将改造强加于社会；而科学社会主义认识到无产阶级要完成资产阶级"掘墓人"的历史使命，必须建立起革命政党。而共产党是科学社会主义和工人运动相结合的产物，是为先进理论武装并由先进分子组成的无产阶级的先锋队。在资本主义社会两大对立阶级之间，存在着经济斗争、政治斗争和理论斗争三种阶级斗争的基本形式。无产阶级政党领导无产阶级革命，通过无产阶级专政进入无阶级社会，这是从资本主义过渡到共产主义的必由之路。康帕内拉没有找到通往理想社会的正确道路，因此只有在漫漫黑夜里徘徊。

康帕内拉所处的历史背景也是他的《太阳城》注定只能是对美好社会的憧憬的一个非常重要的原因。当时，作为空想社会主义者的康帕内拉缺乏斗争经验和基础，也没有认识到无产阶级的历史作用和真正的力量，自然意识不到自身设想的空想性；同时，当时的资本主义还处于上升发展的趋势当中，客观环境还不具备无产阶级解放的物质条件，因此空想家无法找到社会发展的根本原因和资本主义剥削的真正秘密，这样，空想社会主义的局限性就不可避免了。而且，康帕内拉的设想起源于自己对资本主义制度所带来的一些不平等现象的不满，但是他看到的仅仅是一些表面现象，或者说康帕内拉只看到了问题的一个方面，他没有看到资本主义的生产方式客观上来说还是对当时的社会发展产生了巨大的推动作用的。他把一切不平等的根源归咎于"私有制"，认为只要消灭了"私有制"就消灭了所有罪恶的根源，就可以在全社会实现全民美德的美好愿望，这本身就是一种略带偏见的认识。康帕内拉作为早期无产阶级的一个缩影，反映了整个阶层对于美好社会的向往和对现实制度的憎恶，却碍于历史的局限，无法更深层次地思考问题，进而解决问题。

综上所述，可以看出，指导康帕内拉思考的世界观总体来说是理想主义的。他没有把社会主义看作是资本主义社会基本矛盾发展的必然结果，而是当作绝对真理和正义来看待，认为只要发现它，就能发挥自己的力量来改造这个世界，因为绝对真理是不依赖于时间、空间和人类的历史发展的，具有一种能动性。

在康帕内拉看来，只要有了具有天赋的天才人物来领导国家，就一定可以发现绝对的真理和永恒的正义，必然可以建立起自己心中的家园——"太阳城"。而马克思、恩格斯等经典作家一直反复强调，社会主义不是人们一厢情愿的产物，而是一定生产力发展水平的必然要求。康帕内拉之所以看不到这一点，是因为在他生活的历史条件下，无法完全了解资本主义社会，更不可能知道资本主义社会的基本矛盾，他把所有的罪过推给"私有制"。康帕内拉等空想社会主义者显然忽视了这样一个问题：既然所有制决定着人们的道德，在资本主义早期时期，富人和穷人都因为私有制的存在而出现了道德败坏，那么社会如何将私有制变为公有制呢？富人因为私有制带给他们利益而不愿意变革，穷人只是为了自己而不是为了他人才愿意变革，这又如何实现全民美德的美好画面呢？这些矛盾导致康帕内拉和以后的空想社会主义者不得不呼唤天才，企图依靠天才的个人力量来打造理想的国家。而实际上，由于认识上的根本缺陷，康帕内拉笔下的

"天才人物"也根本不会触及所有问题的本质，只能最大限度地调和资本主义的矛盾。这一切，都决定了康帕内拉和他的《太阳城》从一开始就只能是空想的历史命运。

通往科学社会主义的阶梯

总体来说，在当时的社会背景下，康帕内拉设计的"太阳城"对于生活在水深火热中的人们来说，无疑是一个崭新的国家，无论是在社会制度还是生活方式等方面都是非常令人向往的。在那里，不仅消灭了"万恶之源"的私有制度，摧毁了残酷的阶级剥削和压迫，实行了财产共有，人人还参加劳动，按需分配，人与人之间没有欺诈，平等友爱，人人过着幸福快乐的生活。这一切都与康帕内拉所生活的阴暗社会形成了鲜明的对比。

《太阳城》从根本上说是一种虚构和空想，缺少改造现存制度的可行方法，并没有从根本上脱离柏拉图的《理想国》和莫尔的《乌托邦》，但是，它毕竟是 17 世纪时期下层劳动人民在残忍的压迫下的无可奈何的想法，是对现存社会制度和不平等现象的批判与反思，更反映了广大人民群众迫切要求改变现有不平等制度的强烈愿望，因而，康帕内拉的《太阳城》在一定程度上为空想社会主义的发展乃至对科学社会主义的创立都做出了一定的贡献，特别是他创造性地提出的以下几个观点。

首先，康帕内拉在社会主义思想史上第一次提出了劳动光荣的思想。通过描述我们可以知道，在实施公有制的"太阳城"中，无论是从事农业、畜牧业，当兵，还是看门、做饭，都被认为是同等重要的，没有职业上的贵贱与歧视，谁的手艺好，谁的手艺绝，谁就会受到尊敬，这与我们今天所说的"三百六十行，行行出状元"不谋而合。同时，康帕内拉的这个思想，还解决了莫尔在《乌托邦》中无法解决的难题，即如果社会中人人平等了，谁去干体力活，谁去干脏活累活的问题。莫尔提出保留奴隶的办法，但是康帕内拉不赞成这个办法，他非常痛恨现存社会中的过度劳动和游手好闲的人，因此，康帕内拉在《太阳城》中强调一切劳动都由全体公民共同负担，而且还强调所有劳动没有贵贱之分。在"太阳城"，只是根据人的身体状况分配不同的劳动，劳动都是光荣的，人们在"劳动光荣"思想的鼓舞下自愿从事各种有益的劳动，并且实行体力劳动和脑力劳动相结合。这个新思想初步接触到了由于所有制性质的改变继而劳动的性质也随之改变这样本质的问题。对这个问题，恩格斯说过："当社会成为全部生产资料的主人，可以按照社会计划来利用这些生产资料的时候，社会就消灭了人直到现在受他们自己的生产资料奴役的状况。""代之而起的应该是这样的生产组织：在这个组织中，一方面，任何个人都不能把自己在生产劳动这个人类生存的自然条件中所应参加的部分推到别人身上；另一方面，生产劳动给每一个人提供全面发展和表现自己全部的即体力的和脑力的能力的机会，这样，生产劳动就不再是奴役人的手段，而成了解放人的手段，因此，生产劳动就从一种负担变成一种快乐。"

其次，康帕内拉已经开始认识到科学技术对于社会生产的重要作用。康帕内拉本人十分欣赏曾经的"黄金时代"，他在《论黄金时代》诗中写道：

从前曾有过黄金世纪的时代，

它是会回来的，而且不止一次。

一切被埋葬的东西都力图重见天日，

它们终于将循环归根。

狼、狐狸、乌鸦——一切坏东西，

都反复地说，它们再也不来访问我们了，

但是，上帝的声音、预言和故事还是提到了它们，

也提到了一切贪求者。

如果人们忘掉"我的""你的"，

从事一切有益的、正直的和愉快的事业，

我相信现实生活就会变成天堂，

盲目的感觉就会变成有眼光的高深的知识，

而不是迂腐的知识，

迟钝、撒谎和暴君的压迫就会变成美好的兄弟情谊。

但是，康帕内拉对曾经的"黄金时代"的渴望，并不是想要回到生产力极其低下的原始社会。在康帕内拉设计的"太阳城"中，非常重视科学技术知识的学习和研究，注重将科学知识转化为先进的生产力。他们发明了很多先进的工具，知道如何利用风力，使用秘密的方法进行农业、畜牧业的生产。正是由于科学技术和社会生产力的发展，"太阳城"里人们用于劳动的时间比莫尔的"乌托邦"要少很多，每天大概只要劳动四小时。

再次，康帕内拉提出了十分有创见性和预见性的社会教育制度和方法。他知道下一代是祖国未来的希望，因此特别重视新一代的成长。婴儿生下来以后，就交由国家进行集体抚养，既重视他们对科学文化知识的学习，也不放松锻炼他们的身体；既有课堂教学，也要走出课堂，去田间、工场进行实地的学习；既注意书本教学，也采用直观教学，将知识以图画的形式画在墙上，开展生动形象的科学文化知识学习。这种图文并茂的学习方法，直到现在也被教学者广泛采用，是现代社会的一种重要的学习方法。

虽然在通往社会主义的道路上，《太阳城》做出了重要的贡献，但是"太阳城"中仍然还有一些不足的地方，仍然保存了一些很落后的风俗习惯。每个人都知道，祭祀是常见的宗教仪式之一，在祭祀仪式上献祭的祭品多为牛羊、禽类、奶、蜂蜜等等，然而"太阳城"却出现了人祭。但是这里的人祭并不是强迫人所为，一切都是自愿的行为，"祭祀仪式是这样举行的：由'太阳'问人民，谁愿意为自己的同胞奉献自己以祭祀上帝。这时就有比较虔诚的人愿意主动献身，于是大家经过规定的各种仪式和祈祷之后，就把他放在一张四方桌上，桌子的四角系着四根粗绳，绳子连到四个固定的滑轮上，悬在神殿的穹隆之下。然后他们祈求上帝大发慈悲，慨然接受这个自愿的人祭，而不是像异教徒那样强迫畜作牺牲。接着，'太阳'下令拉起绳子，把这个人祭上升到小穹隆的中心，并由他在那里作虔诚的祈祷。居住在这个穹隆四周小房子里的司祭，就从窗口投给他食物，但是数量非常少，直投到全国的罪过被认为已经赎尽为止。他背诵着祈祷文，祈求上帝接受他完全自愿的牺牲。经过二十天或三十天的祈祷，在上帝息怒之后，他就可以成为司祭，或者是穿过司祭的小房子重新下来（但这种情形是很少有的）。这样英勇的人，后来是会因他甘愿为祖国牺牲而受到人们极大的尊敬的"。再比如，"太阳城"内的最高领导人不是由人民选举换届，而是终身任职，这说明民主制度的不健全；

而男女结合需要政府调控，希望繁育出优秀的下一代，这也无疑违背了婚姻的基础——爱情；行政权和司法权高度集中于一人，又势必会造成个人专权……

综上，康帕内拉提出的这些新思想为马克思恩格斯创立科学社会主义学说提供了宝贵的经验，但是由于当时社会历史条件制约，康帕内拉的思想中也表现出很大的局限性。作为唯物主义的信仰者，他否定上帝，不相信灵魂的存在，厌烦基督教义和教权统治，但是在他设计的理想国家中还保留着"大祭司"，保持宗教在国家政治生活中的重要地位。他的国家观，特别是选拔人才的标准具有唯物主义因素，但是仍然建立在人性论的基础之上，最高领导人遵循天赋条件进行领导，不仅终身任职，而且个人决定一切。这些现象表明，康帕内拉的唯物主义是不彻底的，还没有完全摆脱宗教势力的束缚和神权政治观念。康帕内拉对旧社会进行了尖锐的批判，对新社会做出了大胆的预想，但是却没有找到将旧社会改造成新社会的彻底可行的方法，因而被称为空想社会主义者。

但是，我们应该注意到，康帕内拉的思想也是一直在进步之中的，比如他的国家学说在《论最好的国家》一文中，就比《太阳城》中有了很大的创新和进步。很明显，《太阳城》里的有关国家问题的叙述还带有非常浓烈的神学色彩，但是在《论最好的国家》一文中，康帕内拉的字里行间已经充满了理性色彩。他认为自己描述的这个国家的制度不是上帝提供的，而是由于哲学家的推理才发现的。马克思也对康帕内拉的这一进步给予了肯定的评价："康帕内拉等已经用人的眼光来观察国家了，他们是从理性和经验中而不是从神学中引申出国家的自然规律。"

康帕内拉一生都在为争取祖国和人民的解放而斗争，他从年轻时候起就敢于探索真理，不受传统观念的束缚，对一切不合理性的思想统治和政治统治都敢于发起挑战，坚决与神圣不可侵犯的基督教和穷凶极恶的外国侵略者势不两立。但是，正是由于他的血气方刚，勇于指出神学的欺骗性，敢于领导家乡人民密谋起义推翻统治者，为此康帕内拉一次又一次地被抓进宗教裁判所和世俗监狱。从20岁出头的风华正茂到日薄桑榆的老人，康帕内拉在牢中待了长达三十三年之久。在狱中，敌人为了让他承认罪行，使康帕内拉受尽了非人的折磨，可是无论是水牢还是地牢，无论是"鳄鱼坑"还是"马驹"和"不眠"，都没有战胜康帕内拉坚强的意志和机敏的智慧。康帕内拉在《太阳城》中曾对此描述道："有一位他们（指'太阳城'里的人）很尊敬的哲学家，尽管受敌人最残酷的刑讯达四十小时之久，但由于始终坚持沉默而没有说出敌人要他承认的半个字。"虽然康帕内拉一生中大部分的时间都是在阴暗潮湿的牢房中度过的，但是他却给人类社会留下了丰富宝贵的精神财富。在极其艰难的写作条件下，康帕内拉完成了大量著作。他的观点深受当时意大利著名哲学家特勒肖的影响，虽然在"太阳城"中他主张大祭司管理国家，实行政教合一的制度，并赞成用人祭来赎罪，体现了他唯心的一面，但在认识论上占主导地位的是唯物论思想。他反对教会，具有明显的无神论思想，怀疑《圣经》，怀疑圣哲说的话都对的观点。在康帕内拉看来，过去权威人士的言论是不能够作为认识自然、认识世界的依据的，经验才是检验真理的标准。虽然那个时代的康帕内拉不可能认识到实践是检验真理的唯一标准，但是他的观点，在当时仍然是批判唯心主义、反对经院哲学的有力的思想武器，从而在很大程度上也推动了当时思想文化的发展。

在狱中写成的著作《太阳城》，正是康帕内拉通过对旧世界的批判而进行的对新世界的探索。如今在我们看来，《太阳城》中的许多地方都是幼稚，甚至错误的，因为康帕内拉认为这种制度一旦被人所理解就会实现，但他却不知道，不经过斗争与革命，统治阶级是绝不会放弃自己的统治权力的，他也不知道在遥远的未来，只有无产阶级才是唯一彻底的革命阶级，才能实现康帕内拉所幻想的社会主义制度。但是我们必须认识到，康帕内拉所处的社会与我们相隔久远，在那个被迷信和宗教统治的黑暗时期，他却认识到了劳动的伟大意义，看到了私有制的危害，并令人惊奇地预言了共产主义景象，这无疑是值得我们敬佩的。

康帕内拉的一生，是坎坷的一生，是战斗的一生，是伟大的一生，直到客死异乡的时候，他还在与敌人斗争。在莫斯科克里姆林宫城墙的旁边，耸立着一座灰色的花岗岩纪念碑。这是为了纪念宣传和实现社会主义思想的伟大的战士们而树立的。康帕内拉，这个伟大的名字与他英勇不屈的形象，也将永远保留在这块石碑之上。

附录

年　谱

1568年　9月5日出生在意大利南部卡拉布里亚省斯吉罗城附近，原名乔万尼·多米尼克·康帕内拉。

1582年　来到多米尼克派修道院，和一位传道士学习逻辑学。在此期间参加了一次科森萨市举办的辩论会，并战胜对手，从而年纪轻轻便小有名气。

1585年　被调到尼加斯特罗修道院，和季奥尼斯结为好友。

1587年　接触特勒肖著作，阅读了《依照物体自身的原则论物体的本性》，受影响颇大。

1588年　动身探望病危的特勒肖，并和阿弗拉阿姆相识，学习占星术；同年11月，被调往阿里托蒙特修道院。

1589年　写出《感官哲学》，反驳马尔塔的《亚里士多德的反对倍尔那狄诺·特勒肖学说原则的堡垒》，捍卫特勒肖思想。年底，逃离修道院。

1591年　《感官哲学》问世。在马德左尔图书馆的门口第一次被宗教裁判所逮捕。

1592年　8月，被释放，被判七天之内离开那不勒斯，回
　　　　到故乡的修道院，放弃特勒肖的观点。

1593年　由于写讽刺基督教的诗，再次被宗教裁判所抓捕；
　　　　同年年底企图越狱失败。

1594年　1月，被转解到罗马圣天使堡的牢房。

1595年　被转送到罗马的圣萨宾纳修道院。

1596年　12月，被宣判"有严重的异教嫌疑"，当众对其
　　　　举行具有侮辱性质的放弃异教思想的仪式。

1597年　3月，第三次被捕，年底被释放，被勒令返回卡
　　　　拉布里亚。

1598年　年底，开始密谋卡拉布里亚起义。

1599年　9月，被父亲的朋友出卖，被西班牙当局抓捕，
　　　　关在威捷尔城堡里；11月转押至那不勒斯的努奥沃城
　　　　堡监狱，在那里受尽各种刑罚的折磨。

1600年　4月，开始装疯。

1601年　开始在狱中进行《太阳城》的写作。

1603年　1月，被判处终身监禁。

1604年　转移到圣地艾尔摩城堡。

1607年　和肖倍结识，被骗取手稿。

1613年　与阿达米结识，将很多手稿交给他帮忙出版，其
　　　　中包括《太阳城》。

1623 年 《太阳城》在德国法兰克福出版。

1626 年 5 月，巧妙使用计谋，被西班牙总督释放；同年 6
月被宗教裁判所再次抓捕。

1628 年 7 月，被罗马教皇释放。

1633 年 再次密谋起义，却以失败告终。

1634 年 10 月，逃往法国，开始寄居异国的晚年生活。

1639 年 5 月 21 日，在法国巴黎逝世。

主 要 著 作

1.《感官哲学》，1591 年出版。

2.《西班牙君主国》，写成于 1602 年。

3.《弥赛亚君主国》，写于 1604 年，但这部著作并没
有保留下来。

4.《捍卫伽利略》，1622 年出版。

5.《太阳城》，1623 年出版，1637 年出版新版《太阳
城》，同时还出版了《实在哲学》《论物的意义》。

6.《医学》，1635 年在里昂出版。

7.《被战败的无神论》，1636 年出版。

8.《形而上学》，1638 年出版，全书应该有三卷，第一
卷和第二卷在监狱检查时被没收，第三卷写于 1610 年。